資産価値が上がる腕時計の賢い選び方

腕時計投資家
斉藤由貴生

小学館

はじめに

この本を手にとっていただきありがとうございます。内容に興味を持っていただき、購入された方は、おそらく1650円を支払われたことでしょう。そのため、財布の中から消えた1650円、そのすべてが消えてしまったと思われたかもしれません。

しかし、それは違います。

この本を売ろうと思ったならば、おそらくいくらかでは売ることができるのです。つまり、1650円のうちの何%かが、実は換金可能な所有物としてあなたの手元に残り続けているのです。

ちなみに、私が以前書いた『腕時計投資のすすめ』（定価1650円）は、2021年10月現在、Amazonの中古商品で973円（送料：257円）が最安値。メルカリでも、つい最近のことですが、980円

（送料込み）で出た商品が「ＳＯＬＤ」となっていました。ですから、今のところ、中古売れ筋価格は９００円ぐらいが妥当といえるでしょう。そうなると、その残価は55％となります。発売されてからすでに6年が経過しているのに、なかなか優秀な数値だと思います。

けれども、この「55％」という残価を腕時計に当てはめると、全く優秀ではありません。というのも、先日３９８２型番もの腕時計の相場変動（過去３年）を分析したところ、50％台という数値になったのはワースト1位の腕時計のみ。ワースト2位の型番でも60％台だったのです。また、３９８２型番中、１０１％以上の残価となったのは２０９４型番。実に、半数以上の腕時計が、この3年において値上がりしているのです。

というわけで、本書では「資産」という観点で、腕時計との良いつきあい方を考察。憧れの高級腕時計を「買って⇓使って⇓楽しんで」、それが「資産」にもなるという、最も無駄がない、楽しいお金の使い方を検証したいと思います。

目次

Chapter 03 腕時計とのつきあい

Chapter
04

Chapter 07

Chapter 01

腕時計は美しい資産

モノは売れる、サービスは売れない

私は今、金沢近くの辰口温泉でこの文章を書いています。今回、私が泊まることになった旅館の部屋は、主室、次の間などがあるハイグレードタイプ。部屋には、露天風呂と内風呂が備え付けられており、いつでも、かけ流しの温泉に浸かることができる環境です。

さらに、朝食と夕食には、能登牛やのどぐろといった地元の高級食材を使用。また、豪華な食材だけでなく、その料理の感性にも、私はとても満足しています。

これだけの体験をしながらも、今回の宿泊費は、1泊3万3000円。通常であれば、格安ネットサイトで申し込んだとしても、1泊6万円程度のお部屋・食事なのですが、半額に近いぐらいで泊まることができたのです。

なぜこんな良い体験ができたかというと、空いているからという理由でホテル側がアップグレードをしてくれたからです。私が申し込んだのは「リモートワーク連泊」というプラン。お部屋はおまかせで2万2000円という内容だったのですが、

1万1000円を追加すると、部屋がアップグレードされるのです。

ただ、今私が泊まっている部屋は、この旅館で上から2番目に良いグレード。ここまでのアップグレードは期待していませんでした。ですから、私としては、3万3000円以上の価値を提供してもらい、とても満足しているわけです。

しかし、その一方で、私は今回、かなりな贅沢をしてしまったとも思っています。なぜなら、私が金沢に来てから、自宅に戻るまでの費用を計算すると、大体10万円という金額になるからです。もちろん、ホテルのグレードを下げるなどすればケチることができますが、それでもせいぜい5万円程度しか節約できないでしょう。つまり、どんなに頑張ったって金沢の温泉に行きたければ5万円ぐらいはかかってしまうわけです。ですから、本当にケチりたいのであれば「行かない」という選択をするほうが良いわけで、行くならケチらないほうが良いだろうという考えになった次第です。

ケチらなかった結果、これだけ良い思いができたわけですが、なぜ「良い」と思えたかというと、〝10万円使う〟という前提でそれ以上の価値が提供されたと感じられたからでしょう。仮に私が、ケチって安い部屋に泊まっていたならば、やっぱり家にいれば良かったと思ったかもしれません。5万円ぐらいの予算の場合、「こんなもんか」となった確率が高かったと思います。

よって、温泉旅館に泊まるという場合、ある程度お金を余計に払うと、どこかの分岐点から「かなり良い思いができる」となるのだと思います。そして、これは温泉旅館に限らず、ありとあらゆる消費において当てはまることだと思います。例えば、旅館に行くまでの列車や飛行機でも、余計なお金を払うことによって良い席に座ることができるでしょう。

ですから、ある程度余計にお金を払うと、それ以上に満足する結果になるという法則があるのでしょう。旅館に泊まる、飛行機に乗るといったことは「サービスを受ける」ということでありますが、「モノを買う」という場合も全く同様です。安いスマートフォンではなく、高いｉＰｈｏｎｅを多くの日本人が使っているのも、全く同じこと。

ただ、「サービスを受ける」と「モノを買う」では、同じ消費でも大きく違う点があります。それこそが、「モノは売ることができる」、「サービスは売ることができない」ということであるのです。

残価は重要である

「サービスを受ける」場合、「ケチった」としても、「贅沢した」としても、その時に支払った額はすべて純粋な消費だといえます。

今回、私は金沢の温泉旅館の良い部屋に安く泊まることができたわけですが、「金沢に行って⇒家に帰る」までの10万円はどう頑張ったって返ってきません。つまり、純粋な消費であります。

その一方で、「モノを買う」という消費は、純粋な消費ではありません。モノは買った後に売ることができるため、「消費額＝購入額－売却額」であるのです。

車の残価設定型ローンがその典型例ですが、そういったことは、車に限らず、ありとあらゆる消費に適用できるわけです。ここで、先程の「多少余計なお金を払ったほうが満足する結果になる」ということを思い出していただきたいのですが、それをモノに適用するとどうなるのでしょう。

答えは、まさに「高級品を買え」ということになります。そして、ここで重要なのが

「モノは売れる」ということ。「サービスを受ける」場合、高級旅館に泊まったならば「贅沢」であるわけですが、高級品を買うということは、必ずしもそうではありません。その理由こそが、まさに「消費額＝購入額－売却額」。

仮に高い高級品を買ったとしても、買った値段に近い額で売ることができるならば、実質的な消費額は、安物を買うよりも「お得」である可能性だってあります。ですから、モノを買うという場合、残価に注目することによって、躊躇なく高級品を買うということができるのです。

最も価値が残りやすいのが腕時計

さて、ここで、今、金沢にいる私の周りにある高級品を紹介したいと思います。まず、1つ目がiPhone 12 mini。購入額は約7万4000円ですが、過去の経験から、次の新しいｉＰｈｏｎｅを買う際には、4万円程度で売却可能だと思います。そうなると、残価率は約54％となります。

その次が財布。私は緑色のマネークリップが欲しかったので、思い切ってエルメスのポーカーGMを買ってしまいました。財布は新品が良かったので、購入額は約15万円ですが、綺麗な状態を保ったならば、10万円ぐらいで売れるのではないかと思っています。その場合、残価率は約67％となるでしょう。

そして、3つ目が、これもまたエルメスですが、ブリーフケースのサック・ア・デペッシュであります。これは、中古で約17万8000円で購入したモノですが、「今売れ！」と言われたならば、15万円以上にはなる自信があります。仮に15万円を売却額としたならば、その残価率は約84％となります。

次に、4つ目が車です。今、私が乗っているのは、メルセデス・ベンツのW140型Sクラス。車好きには、名車として名高いW140でありますが、実は私、ものすごく程度の良いワンオーナー車を総額33万円で買っています。とはいっても、今までに整備代等に約118万円かけたため、私がW140に支払った額は、合計151万円となります。ただ、素性が良いW140を118万円の整備費で完璧にしたわけですから、車がわかる人であれば、この状態で「150万円は買い」と思われる方はそれなりにいると思います。仮に151万円で売却したならば、その残価は100％となります。

さて、だんだんと残価率が高くなってきましたが、次にお伝えするのが最後の高級品

（写真上から）著者私物のエルメスのサック・ア・デペッシュ、メルセデス・ベンツW140型Sクラス、タグホイヤーのカレラ（1964年復刻版）。残価率は下へ行くほど高くなる。

であります。それこそが、お待ちかねの腕時計。今私が持ってきたのはタグホイヤーのカレラ、1964年復刻版です。この時計、私は2000年に当時の国内定価で購入したのですが、その額は26万2500円（当時の税込定価）でした。**しかし、今、同じモデルの中古相場を調べると、その額なんと約40万円。残価率はなんと152％であるのです。**

つまり、腕時計の残価は他の高級品と比べて「ダントツ」なのです。というよりも、買った値段よりも、将来高くなっているわけです。これは、私が今回持ってきた持ち物をザッと示した例ですが、152％という残価率を超えるモノは、腕時計の他にあまりないでしょう。そして、私が家に戻れば152％よりも残価率が高い腕時計が存在するのです。

二極化する世の中

今身の回りをざっと見渡しただけで、エルメスやメルセデス・ベンツなど、高級品まみれの私ではありますが、持ち物すべてが高級品というわけではありません。

今回、金沢に来た際に持ってきた旅行カバンは……ルイ・ヴィトンではなく、Ａｍａｚｏｎで２８９０円で買ったボストンバッグです。今回、金沢に行くことを決めてから、ルイ・ヴィトンのカバンも検討したのですが、私はあまり家から出ないため、ルイ・ヴィトンの活躍頻度はかなり低いと予測しました。

前回、私がホテルに泊まったのは、もう1年以上も前のこと。年に1度使うかどうかの旅行カバンに対して、私はあまりこだわりを持てなかったのです。その結果、買ったのは２８９０円のカバン。

とはいえ、私は金沢に行くのをきっかけに、実はルイ・ヴィトンのカバンも買おうかと検討しました。狙っていたルイ・ヴィトンのカバンは、シリウス55。これは、国内定価約26万円のカバンでありますが、結局、私が買ったのは２８９０円なのです。

26万円と２８９０円の商品を比べるというのは、一見変な比較ですが、近頃はこういった〝極端な比較〟という考え方は増えていると思います。

私はなぜ、２８９０円のカバンを買ったのかというと、今回の「金沢に行く」という行動にはこれで十分だったからです。仮に、私が旅行が趣味で、年に何度も海外に行くといった行動をするのであれば、もしかしたらルイ・ヴィトンのカバンを検討したかもしれません。

しかし、私にとって旅行カバンは、「モノさえ入れば良い」という状態。

ちなみに、残価を考えれば、実質消費額はそこまで高くないため、躊躇せずルイ・ヴィトンを買うことができました。しかし、なぜそうしなかったかというと、その必要性がなかったからです。今回、私は金沢に車で来たわけで、カバンを持つ時間はほぼ皆無。モノが入ってさえいれば良いわけで、ルイ・ヴィトンを買ったから「幸せな気分」になれるという要素が低かったのです。

かつてであれば、「良いもの」は憧れでとどめておく一方、安いモノは「安物買いの銭失い」とされました。ですから、「中間のモノ」を買うという消費行動が良しとされたでしょう。しかしながら、今の時代では「中間のモノ」は苦境に立たされているようです。例えば、アパレルでも、ユニクロのような安価な商品やハイブランドは強い一方で、オンワード樫山のような中間価格帯は苦境に立たされています。

実際、「残価を考慮する」という意味でも「中間価格帯」はかなり不利。中間価格帯のモノは、際立った特徴要素を見出すのが難しいため、高く売れない傾向にあります。

もちろん、私が買った２８９０円のカバンのような安価なモノも高く売ることは不可能ではありますが、買った値段自体が安いため、売却額が「0円」前提で買うことができるわけです。

「それを買ったら幸せな気分になれるのか」という観点で考えると、「高級品」か「激安商品」の二択という結論になるのだと思います。

また、「損しない買い方」という観点でも、それは理にかなっているといえます。

むしろ高級品を買ったほうが良い

さて、「高級品」か「激安品」かという極端な選択が、今の消費において重要なキーワードとなるわけですが、どちらを買ったほうが「幸せになれる」可能性が高いかというと、もちろん「高級品」であります。

先にも述べたように、「ある程度余計なお金を払うと一気にグレードアップする」という現象があるため、高級品のほうがなにかと「幸せになれる」可能性が高いわけです。

そういったことをいうと不思議に思う人もいるようですが、中古市場の需要を見れば、やはり高級品の人気が高いことがわかります。

腕時計はもちろん、ブランド品やお酒など、私がネットを見ていると、目をつけたモノは気づいたら〝売り切れ〟となっているわけです。そして、実際に私が自分のモノを売る時も「これぐらいだったら誰か買ってくれそう」という金額で、見事に落札されるのです。

しかし、その一方で中途半端なアイテムは、誰も欲しいとは思いません。私がモノを売るのがうまいと思っている家族や知人から、「これ売ってほしい」と言われることがあるのですが、売る前提とせず買ったアイテムが大半であるため、中途半端な価格帯のモノが多いのです。もちろん、「なぜそれを買ったのか？」と質問しても、「なんとなく」という答えが返ってくるわけで、〝欲しい理由なく買ったアイテム〟であるわけです。ですから、中古品として売る際も、他の誰かが欲しがるだけの「理由」がないわけで、売りづらいということになってしまうのです。

その一方で、高級品には「買った理由」があります。大金持ちにはそういった理由は当てはまらないだろうと考える方もいるかもしれませんが、私が見ている限り、いくら金持ちとはいえ、数百万円単位のモノを買う時には、きちんと考えてから買っている場合が多いと思います。

もちろん、「外商から勧められたから買った」というような買い方をすれば、その限りではないかもしれません。ただ、それでも**高級品には「他者と共有できる情報」が内在する場合が多い**といえます。そして、そういった情報があるから需要があるわけで、「いざ売る」となった場合、誰かが買ってくれるとなるのです。

それら高級品は、「中古」という条件になったなら、ある程度の相場が形成されます。仮に新品で買ったなら値落ちしてしまうようなアイテムだったとしても、中古相場は一定ということがあるのです。

そうなると、中古のブランド品を買った場合、「買った値段−売れた値段」の〝差額〟を小さくすることができるわけで、「幸せな気分になった」のに「支払額が安い」ということが実現できます。

一方、安いモノを買った場合は、「幸せな気分にはなれない」けれども「支払額が安い」となるでしょう。

また、中途半端なモノを買った場合は「幸せな気分になれない」かつ「支払額は高い」となります。

安いモノは、私の旅行カバンの例のように、「高級品も持っているけれども、これは安いモノで良い」というハイブリッドな消費で「幸せな気分になる」ことができるでしょう。けれども、中途半端なモノは、「幸せな気分」とは程遠いといえます。

実質消費額という考え方

「消費額＝買った値段－売れた値段」、ということが重要だとお伝えしてきましたが、こういったことを意識すると、**自分の生涯給与という大きな観点でも「お得」にお金を使うことができると思います。**

働いている日本人であれば、毎月一定の給与が支給されるため、お金についての考え方は、月単位や年単位が多いと思います。実際、賃貸物件を借りる時も、クレジットカードを申し込む時も、「年収」という欄があるわけです。しかし、私からすると重要なのは生涯給与のほうだと思います。

年収という概念は、多くの日本人に定着しているため、600万円で平均より「少し上」、1000万円以上で「結構凄い」、2000万円以上で「超金持ち」という感覚があるでしょう。ですが、それを生涯給与という観点で見ると、違った見方ができると思います。仮に、23歳から65歳まで、42年間働くと仮定し、すべての時期において年収を一定とした場合、生涯給与は以下のようになります。

600万円………2億2500万円
1000万円……4億2000万円
2000万円……8億4000万円

そうすると、ありとあらゆる消費は、基本的にこの範囲内に収まらなければならないということになります。ですから、「売らない」という前提でモノを買った場合、その上限が決まってしまいます。

そして、右記は65歳までにもらえる給与の合計額です。

仮に今、社会人1年目からずっと年収600万円〟という30歳の方がいたとして、その方をAさんとしましょう。Aさんは、65歳まで「ずっと年収600万円」であれば、生涯給与は2億2500万円となります。しかし、まだ彼は30歳。この時点での稼いだ額は、4800万円程度となるのです。

ここで、少し興味深いことを思いつきました。それこそが、これまで私が買った高級品の総額はいくらになるかということです。記憶をたどってのざっくりとした計算にはなってしまうのですが、私が30歳ぐらいまでに買った腕時計や車、ブランド品などの購入額はおおよそ3000万円といったところでした。もちろん、これは中古を安く買うなど、「努力した買い方」。私でない人が、普通に買っていたならば、同じモノを買ったとしてももう少し高い購入額となったことでしょう。

しかし、努力して安価に買ったといっても、私は3000万円相当の買い物をしているわけです。仮に、Aさんのように4800万円稼いでいたとしても、買うのは困難だったことでしょう。4800万円の中には、税金や保険料なども含まれているわけですから。

その一方で、「買った値段と同等ぐらいで売る」という努力をしたならば、その実質消費額は理論上0円ということになります。例えば、Aさんの場合、30歳までの生涯給与、〝4800万円〟に一切手を付けず贅沢品を買って楽しむということができるのです。

そして、腕時計の場合「買った値段よりも高く売れる」ということが可能であるわけです。先程の4800万円稼げたAさんを例とすると、3000万円分買ったのに、3000万円以上になって返ってきた結果、生涯給与が4800万円よりも増えた、というストーリーになることすら考えられるのです。

ですから私は、モノを買うのだったら、いっそのこと高級品を買って楽しんだほうが良いと考えるわけで、その中でも最も価値が残りやすい腕時計を買って人生を豊かにすることが重要だと思うのです。腕時計を買うのは、単なる消費ではありません。美しい資産を手に入れるということなのです。

Chapter

02

なぜ高級腕時計は高いのか

本質的に魅力がある

「なぜ高級腕時計は高いのか」という質問にお答えすると、その答えは「**本質的に魅力がある**」ということになります。

高級腕時計が実現している機能は、主に「正確な時刻を提供する」ということ。今の世の中、正確な時刻を提供する、という腕時計は1万円以下でも入手可能です。ですから、論理としては、「高級腕時計は無駄なモノ」となってしまうように思います。実際、機能面だけで見れば、高級腕時計は「無駄に高い腕時計」となることでしょう。

もしも、本当にそう思う方が〝多数派〟だったならば、高級腕時計の需要はもっと低いはず。むしろ、1万円以下で入手可能な電波時計がある今、高級腕時計市場は淘汰されている可能性だってあるでしょう。けれども、実際には高級腕時計の需要は高く、世界中で「それを欲しい」と思う人が多いわけです。

ではなぜ、高級腕時計需要があるのかというと、先に述べたように「本質的に魅力がある」という理由がすべてでしょう。

富裕層に好まれるアイテムの例として、腕時計の他に宝石といったアクセサリーがありますが、**腕時計が他と明らかに異なるのは、型番、すなわちリファレンスが確立されているということです。**

腕時計と同じように、高価なアイテムの代表である宝石には、有名型番が存在しません。そのため、その宝石の相場を測るには、石そのもののカラット数といった数値が重要になってくるわけです。これを腕時計に当てはめると、時計の価値はK18だけで判断するということになってしまいます。

例えば、ロレックスの場合、同じK18でも中古相場が200万円のモノと、400万円のモノがあるわけですが、金の含有量が同じだった場合、どちらも同じ評価となることでしょう。

しかし、腕時計は、素材自体の価値に関係なく、相場を形成しているわけです。実際、素材自体の価値が低いといえる、ステンレスの人気モデルが、高価なK18素材のモデルよりも高い中古相場ということがあります。もちろん、定価では、ステンレスのモデルのほうが安いわけですが、需要と供給の関係が如実に表れる中古市場では、定価とは逆に、人気があるほうが高いという現象が珍しくありません。

そして、そのような現象は、少なくとも20年以上も前から続いているわけです。このようなことは、一見「変な現象」とも受け取ることができるため、それに違和感を唱えた方々が、批判的な意見を述べる場合もあります。

実際、20年前の雑誌では、「日本の腕時計相場が海外よりも高くて異常」といった批判がされていました。しかし、そういった批判は本質的ではありません。結局、今では海外でも日本のように「人気モデルは高い」ということが当たり前となっているわけで、20年前の当時の腕時計相場は、日本市場が世界で最も進んでいたのです。

また、20年前に「異常に高い」といわれたモデルは、今では「さらに高い相場」となっている状況。当時「異を唱える暇があったら、黙って買っておけば良かった」となるでしょう。

もしも、本当に高級腕時計に興味がないのであれば、「異常に高い」といった意見を言うことすらなかったと思います。批判的な意見を述べた方々も、結局のところ高級腕時計に興味があるわけです。

批判的な意見の主張を見ると、「適正価格でない」ということに集約されるわけですが、「適正価格」とはなんなのかをもう一度考えてみたほうが良いと思います。

需要に対して供給量が少ない

高級腕時計が値上がりする理由を一言で言うと「**需要が供給量を上回っている**」ということになります。それは、現在生産している新品でも、生産が終了した中古品にも当てはまることなのですが、現行モデルと生産終了モデルとでは、事情が異なります。

まず、生産終了モデルの例から説明すると、「需要＞供給」となる理由はとってもカンタン。「やっぱりあれが欲しかった！」となっても、すでに生産終了しているため、数に限りがあるからです。

高級腕時計は、その名の通り「高級品」であるため、ものすごく多い生産量となる例はそこまで多くありません。そのため、10年前に新品で売っていた時に魅力を感じなかった腕時計が、今になって「魅力的だった」と気づいた時、少ない供給量の中から、自分の1本を見つけ出さなければなりません。

そして、その「魅力」は、確立されたリファレンスによって他者と共有可能。すると、魅力が伝わりやすく、需要はだんだんと高くなっていくわけです。そうなると、需要が供給量を上回る状態となり、高くても売れるということになるのです。

次に、現行モデルの例ですが、「今作られている」という新品状態のモデルで「需要が供給量を上回る」という現象は限られています。そういった現象が起こるモデルは、いわゆる「人気モデル」といわれるモノに限られる傾向があるのですが、そうはいっても、それに該当するモデルは、この5年間でかなり増えたといえます。

例えば、5年前の段階ではロレックス「デイトナ」や、通称「緑サブ」といわれる116610LV、「GMTマスターⅡ」の116710BLNRなどに限られる傾向だったのですが、今では、ロレックスではスポーツモデル全般がその対象だといえます。また、他のブランドでも、パテック フィリップ「ノーチラス」、オーデマ ピゲ「ロイヤルオーク」、ヴァシュロン・コンスタンタン「オーヴァーシーズ」などがその例に該当します。

これらが「需要>供給」となったのは、まさに「人気モデルである」ということが共有されたからでしょう。

実は、パテック フィリップ「ノーチラス」は、ずいぶん前の段階から供給量が少なかったのですが、それでも5年ほど前までは「定価よりも安く入手可能」という状態でした。例えば、5711／1A-010の定価は、約350万円でしたが、5年前の中古相場は300万円程度といったところ。当時から、正規店で新品を買うという難易度は高いといわれるぐらい、供給量が少ないモデルだったのですが、定価よりも安く中古品を入手することができたため、「需要∨供給」とはいえない状況でした。

しかし、そんな5711／1A-010の現在の中古相場は1000万円以上。定価の3倍程度といった評価になっているわけで、まさに「需要∨供給」という状態です。

ノーチラスがそういった状況になった理由は、やはりこの5年の間に「魅力がある」ということが、より多くの人に知られたからだと思います。私が、初めてノーチラスを買ったのは2002年のことでありますが、当時、ノーチラスを知る人はあまりいませんでした。それが今では、高校生にもフェラーリのように「高くて格好良いモノ」と認知されているぐらいです。

ノーチラスは、20年前の段階から「供給量が少ない」という状態は変わっていませんが、今の時代になってものすごい評価となったのは、その「良さ」が多くの人に共有されたからです。ですから、**単に「供給量が少ない」というだけでは、腕時計は高くならないわけであって、そこに「誰かが欲しがる」という需要が形成されるから高くなる**ということなのです。

エルメスの例

ここで、エルメスの例をお伝えしたいと思います。「エルメス」といっても様々な製品が展開されていますが、ここでは革製品の話をさせていただきます。

エルメスの革製品は、先程のロレックス「デイトナ」やパテック フィリップ「ノーチラス」同様、「需要>供給」となっている高級品だといえます。

そして、エルメスの革製品が興味深いのは、そうなっている製品の多くが新品という点です。通常、新品として売られている現行品は、「お店に行けば買える」というのが当たり前ですが、エルメスはそうではありません。しかも、それは「バーキン」のような大人気商品に限らず、ほぼすべての革製品に当てはまるのです。

エルメスの革製品の種類はそこまで多くないのですが、カラーバリエーションを含めるとそれなりの数になります。そして、自分が欲しいと思った「色」や「革の素材」を指定しようと思った場合、その入手難易度はグッと高くなるわけです。

例えば、シンプルなカードケース「カルヴィ」は、エルメスの革製品としてはかなり安価な商品で、どのお店に行っても在庫はあるため、一見入手不可能には思えません。しかし、そのカルヴィの「緑」が欲しいと思った場合、必ずしも手に入るわけではないのです。そして、こういったことが、ほぼすべての革製品に当てはまるのです。

この「ラインナップ数が少ない」のに「カラーバリエーションが多い」ということは、とても絶妙なバランスだといえます。

ラインナップ数が多すぎると、その全体像を把握するのが困難になり、人はそれに対して興味を示しづらくなります。その一方、カラーバリエーションは多彩なため、「自分が欲しい色」という希少性を生み出します。なお、腕時計の場合、「カラーバリエーション」は文字盤部分でしか示すことができませんが、革製品はそれ全体で色を表現することが可能。それでいてエルメスの色合いは、人の心をつかむため「これが欲しい」という思いが深まります。そのことによって、「高くても欲しい」という心理が形成されるのでしょう。

また、エルメスのカラーバリエーションはそれなりにあるため、中古品を探したとしても必ず手に入るわけではありません。そうなると、買うつもりでないのにお店に行って、たまたま「好きな色」があった場合、欲しかったわけではないけれど、「買っておくか」となることでしょう。

そうなる理由は、①エルメスが好きだから②買った値段と同額で売れる可能性があるから、という点に集約されると思います。興味深いのは、エルメスの革製品は、一度買うとハマるのです。

私は、小さい時に母が使いもしないエルメスの革製品を買って「馬鹿だな」と思っていたのですが、今ではその気持ちもなんとなくわかります。もちろん、私は使いもしない製品を買うということは、まだしていません。ただ、個人的に好きな色である「バンブー（鮮やかな緑）」や「ヴェール・クリケット（薄い緑）」の製品を見かけたら買ってしまうと思います。また、私の友人は、数か月前に、初めてエルメスの革製品を購入したのですが、その後見事にハマって、今では5つのアイテムを購入。総額は、100万円近い状態です。こういったことは、メディアなどで他の人の話を聞いても当てはまるため、エルメスに対する消費心理は共通するものがあると思います。

革製品の場合、使ったら傷む傾向があるため、腕時計のように「買って⇓使って⇓楽しむ」ということができません。しかし、それでも、商品が魅力的であって入手難易度が高いという場合、買うという決断になるのは理解できます。

なぜなら、使わなければ「買った値段と同じぐらいの額で売れる」という可能性があるからです。一旦買って自分の手元に保管しておけば、いつでも「いる」「いらない」という判断ができます。

ですから、「買わない」よりは「今買っておく」という結論に至るのは自然に感じます。こういったジャッジは、無意識のうちに行われていると思いますが、とても合理的な消費行動だといえるでしょう。

エルメス同様、腕時計も買って手元に置いておくということが合理的となるわけですが、**腕時計が凄いのは「買って⇒使った」としても価値が下がりづらい**点です。革製品は使うと「買った時の状態と大きく異なる」となってしまいますが、貴金属である腕時計はそうではありません。また、傷が付いたとしても、多くの場合、磨き作業で新品同様にできてしまいます。

腕時計の場合、中古市場を見ると、一定数の在庫があるため、「今買わなくても、そのうち買えば良い」と思われるかもしれませんが、実は必ずしもそうではないともいえるのです。

【資産が残る買い方三原則】

腕時計が好きであること

資産が残るような腕時計の買い方をするためには、大前提として「腕時計が好きである」ということが重要です。

何事も、少ない情報の中から判断するより、多くの情報を収集していたほうがうまくいくわけですが、その多くの情報を蓄積するためには「好きであること」が重要であるわけです。受験勉強ならまだしも、好きでもないことを覚えるというのは苦痛そのもの。しかも、詰め込んだ情報なんて、試験が終わればすぐに忘れてしまいます。その一方で、「好きなこと」を覚えるのは、無意識のうちにもできてしまうぐらい簡単なことであります。もちろん、腕時計を好きになり、ある程度の知識がたまった状態でも、すべてのジャンルを把握できるわけではないでしょう。例えば、私の場合、パテック フィリップのアクアノートやノーチラス、ゴールデン・エリプスには詳しいほうですが、「カラトラバ」などにはそこまで明るくありません。とはいえ、ある程度腕時計の知識がたまっていると、知らない腕時計が出てきた場合でも、少し調べただけで「こういう文脈か」という理解ができるようになります。ある程度の知識があれば、知らない腕時計を調べる場合の〝アタリ〟がつけられるというわけです。

ですから、「資産が残る買い方」において、重要なことの一つは、**好きになって徹底的に情報を得ること**です。ここで重要なのが、この「情報」の内容であります。一部の腕時計マニアの中には、腕時計の機械ばかりに目がいってしまうという人がいらっしゃいますが、「資産」という観点では、機械のウンチクはあまり重要ではありません。**むしろ、金持ち目線で、「これがツボに刺さる」という感覚を得ることのほうが大切**だと思います。

もちろん、機械の情報も楽しいですし、知っていて損はないでしょうが、なぜか機械マニアになると「腕時計を資産として考えるなんて邪道」という思想に至るケースが見受けられます。

腕時計の評価が高くなった結果、それが価格に表れたならば、腕時計好き目線では、本来「嬉しいこと」であるはずです。自分が好きなものが評価されるというのは、悪いことではありません。ですから、「資産が残る買い方」をするために、好きになって情報を収集し、「これから評価される」腕時計を見抜くというのも一つの楽しみであるのです。

アイドルで例えるならば、人気が出る前の段階から応援するようなものです。自分が目利きしたそのアイドルが、後に人気が出たならば、嬉しいと思うのがファン心理でしょう。自分が推しているアイドルが大人気になった後、「そんな価値はない」と否定するのは、美しくありません。

近頃、腕時計は値上がりするということが知られるようになってきていますが、腕時計に興味もないという方が、値段が上がるかもしれないからといって、無理やり腕時計を買うことはおすすめしません。もちろん、「値上がりするかもしれない」という理由で腕時計に興味を持ち、それがきっかけで腕時計を好きになったという場合は、その限りではないといえます。

腕時計が好きになると、憧れの腕時計を手に入れたとしても、その後、不思議なことに「もう1本欲しい」となってしまいます。そうして、腕時計が好きな人は、何本もの腕時計を買うということになるわけですが、そういった場合に**「資産が残る買い方」を**

すると趣味と資産形成を同時に行うことができ、とても効率が良いのです。

中古を視野に入れる

次に、「資産が残る買い方」で重要なのが、**中古品を視野に入れる**ということです。

特に、腕時計の初心者といった方に「中古はいやだ」という方が多い印象ですが、中古品に対する偏見を持たないほうが良いと思います。偏見を持つということは、本来収集できるはずの情報を得る機会を逃すということにつながるわけですから効率的ではありません。

もちろん、初めての1本として、新品を買いたいという気持ちはわかります。とはいえ、その後に買う選択肢の中に、常に中古品を視野に入れておくことが重要です。

中古腕時計という選択がなぜ重要なのか。その理由には大きく2つがあります。

1つ目が、**中古品でないと手に入れられないモデルがある**という点です。生産終了となった旧型モデルは、当たり前ですが、中古でしか手に入れることができません。もちろん、デッドストック品がないわけではありませんが、それはまた「別」といったところ。旧型モデルは、基本的に中古が唯一の選択肢となります。

こういった旧型モデルの中には、魅力的な銘品がたくさんあるわけです。新品しか買わないという主義を持ってしまった場合、そういった腕時計を買う機会を逃してしまいます。

旧型モデルには、もう一つ重要な魅力があります。それこそが、「生産数の上限が決まっている」ということです。現行モデルの場合、現在進行形で新品が作られているわけですから、数に限りがない状態です。それに対して、旧型モデルは、すでに生産されていないわけですから、流通数に限りがあるわけです。そうなると、需要が増えた場合の供給量の上限が決まっているということになり、値上がりする確率は、理論上新品モデルよりも高いということになります。

そして、中古腕時計という選択が重要な理由の2つ目が、**中古相場が形成されている**という点です。

新品の場合、その価格を決定するのは、基本的に定価でありますが、中古市場では、需要に基づいた相場が形成されているのです。そのため、「1990年代の定価は43万円でも、2021年の中古相場は120万円以上（例：GMTマスター16700）」

というようなことが珍しくありません。そして、興味深いのは、今１２０万円台の腕時計が、5年前に60万円台だったならば、安く感じるという点です。

この場合、本来の定価は43万円ですから、60万円台でも「割高」であることに違いありません。しかし、１２０万円台という相場になった時からすると60万円台は半額以下。ですから、安く感じるのは当たり前ですし、実際60万円台で買っていたならば、その値段よりも高く売却できることでしょう。

腕時計の価値を知るために最も重要なのは中古相場を見るということなのです。

そして、中古を買うということは、評価基準が乱れないということになります。入手困難な超人気モデルを除くと、多くの腕時計の中古相場は、新品定価以下。ですから、新品で買ったならば、ある程度の値下がりを覚悟しないとなりません。しかし、最初から中古で買っていたならば、その評価基準は「買った時も中古」「売った時も中古」となるわけで、値上がりも視野に入れることができるのです。私が買った腕時計の例を一つ出すと、「**定価３００万円のパテック フィリップを中古１３０万円で購入し、３年使った後、約１７０万円で売却した**」という事例がわかりやすいでしょう。仮に新品で買っていたならば大赤字でしたが、中古で買っていたから利益が出たのです。また、売った時の値段は、定価以上とはなっていませんが、中古相場という観点では値上がりしていたため、高く売れたというわけです。

焦って売らない

「資産が残る買い方」で最後に重要なのが、**焦って売らない**ことです。「買い方」なのに「売り方」というのは、若干矛盾があるようにも見えますが、「買う」時点で、「売る」時のことを考えておくというのは重要です。

「焦って売らない」とは、どういったことかというと、安くなった時などに「これ以上安くならないうちに」とビビって売らないということであります。

中古腕時計の相場は値動きするという特徴がありますが、これは「高く」なる一方で「安く」もなるわけです。そうなると、「高くならないうちに買っておこう」と頑張って買った腕時計が、買った後に安くなってしまうということも起こりえます。

「売る」ということは、金銭的価値を確定させるということなので、安い時に売ってしまったらそれまでです。その一方で、「売らない」という選択をした場合、後々、相場が元に戻るという可能性を残すことができます。**つまり、その時点で値下がりしていたとしても、持ち続けていたならば、損失は確定しないのです。**

最近の例ですと、２０１９年夏からの下落トレンドが、そういったことに該当します。２０１９年夏前までの時期は、多くの腕時計が過去最高値となるなど、ものすごく「上昇」の勢いがあったのですが、なぜだか夏からはそういった様子に陰りが生じます。そして、その後は、人気モデルを含めて値下がりする腕時計が急増。さらに、２０２０年には新型コロナが発生し、４月には最初の緊急事態宣言が発令されました。

結局、この下落トレンドは、２０１９年夏から２０２０年夏頃まで、約１年にわたって継続。これだけ長らく下落傾向が続いたというのは、２０１７年以降初めてだったわけで、さらにそこに新型コロナの不安が加わったわけです。ですから、そういった時期において「今売らなければ、後々もっと安くなってしまうかもしれない」という心理になったことだと思います。

しかし、２０２１年になると、その時期値下がりしていた腕時計が、一気に上昇。それまで、多くの腕時計は、２０１９年上半期が過去最高値といったところでしたが、２０２１年になると「２０１９年上半期水準を超える」というモデルがかなり多く出てきています。ですから、下落トレンドの時に焦って売らなかったならば、その後相場は回復。さらに、上昇したということになったため、売らなかったほうが正解というわけです。

また、こういったことはリーマンショックという大きな経済的出来事の際にも有効です。リーマンショックが発生したのは2008年9月ですが、その前年の2007年は、特に腕時計相場が高いといった時期でした。そのため、2007年に買った方は、その翌年に、自分の腕時計の価値が「ガクッと下がる」ということになったことでしょう。そうなると、先の通り、人の心理では「これ以上下がらないうちに売っておこう」となるわけですが、この場合も「売らない」が正解でした。

2019年の例よりも、相場が回復するまでには時間がかかっていますが、リーマンショック後に値下がりした腕時計の多くは、アベノミクス以降に軒並み上昇しています。例えば、アクアノートは2007年頃、130万円以上という価格帯だったと記憶していますが、リーマンショック以降は80万円台程度にまで下落。それがアベノミクス以降は、150万円以上といったところにまで上昇し、今では500万円台となっているのです。

ですから、安くなってしまった時は、「焦って売らない」ということが重要なのです。

Chapter
03

腕時計とのつきあい

【出会い】

高級腕時計との出会い（ブルガリ）

私が高級腕時計に出会ったのは、1998年、小学6年生の時でした。その頃の私は、車が好きな小学生。腕時計への興味は全くなかったのですが、あることをきっかけとして、高級腕時計を買ってもらうということになったのです。

それは、母の仕事の関係で、イタリアへ行った時のこと。たまたま乗った行きの飛行機が、ブルガリ仕様の特別機だったのです。1998年当時、ブルガリは新作アルミニウムを積極的にアピールするため、アリタリアの機体をまるごとブルガリアルミニウムの広告にするということを実施。今考えてみると、ずいぶんレアな機体にたまたま乗ることができたことに驚くわけですが、それが私と高級腕時計との出会いだったのです。

その機体は、外装だけでなく、機内にもブルガリ「アルミニウム」の広告が張り巡らされていました。私が搭乗したのは、マニフィカクラスの最前列でしたが、各席の荷物棚部分に、横長のステッカーのような広告が貼ってありました。文章で書くと、なんだか電車の広告のようで、下品なようにも感じられるかもしれませんが、実際はハイブランドだけあって、かなり上品で魅力的な見た目でした。

ただ、機内にいる間、その広告が自然と目に入ってきてしまいます。その結果、時計に興味がなかった私は、その時計が欲しいなどと言い始めてしまったのです。そして、意外なことに、母は当時小学生だった私に、ブルガリの腕時計を買うことに乗り気でした。その理由は、母も中学生の頃、祖父（私から見て）からロレックスを買ってもらったからとのこと。そのような経緯があり、私は高いものを買ってもらえるということになったわけです。

1998年、小6の時にイタリアへ行った際に乗ったブルガリ仕様の特別機。

しかしながら、当時出たばかりのアルミニウムは大人気で、正規店では入手困難な状況でした。最初に機内で確認したところ、売り切れということが発覚したのですが、イタリアに到着した後、ローマの本店に行っても売り切れということに変わりなかったのです。

そして、その後、ミラノのブルガリに行った時も、同じように売り切れだったのですが、店を一日出た後に、私は思いついたように「アルミニウムでなくても良い」と言ったのです。

そうして、一度は出た店に戻り、アルミニウム以外の腕時計を見せてもらいます。最初に出てきたのは、ブルガリ・ブルガリのＧＭＴモデル。気に入ったものの、もっとシンプルなモノが良いということで、３針のブルガリ・ブルガリを選択。そうして、私は、初めて、自分の高級腕時計を手に入れたわけです。**「すごく高いモノを手に入れた」という満足感と、約33㎜という小さなケースに凝縮された高級感に圧倒された記憶が、今でも鮮明に残っています。**

そして、そのブルガリを手に入れた私は、そこから一気に高級腕時計への興味が湧いてしまい、お店でもらったブルガリのカタログを日々眺めていました。そ

初めて手に入れた高級腕時計は３針のブルガリ・ブルガリ。

うしていくうちに、２本目が欲しくなったわけですが、こういった心理は、「腕時計好き」によくあることだと思います。

私が最初に手に入れたブルガリは、母の「軽いほうが良い」というアドバイスもあって、革のストラップに、クォーツムーブメントという組み合わせでした。買ってもらった時は、その見た目が気に入っていたのですが、腕時計に興味を持つと、自然と「**ブレスレットで、機械式ムーブメント**」という組み合わせのモデルが欲しくなります。

これは、誰かから影響を受けたわけでもなく、ブルガリのカタログを見ていたら自然に「ブレスレット＋機械式」に惹かれていったという経緯。「ブレスレット＋機械式」という内容は、現在の人気腕時計を見ても、必須ともいえる組み合わせです。

私は母に「ブルガリのクロノグラフが欲しい」とねだってみたのですが、「１本買ったのになに言ってんだ」と怒られてしまいました。そこで、私はどうにかして、自分でも「ブレスレット＋機械式」の腕時計を買うことができないものかと考えるようになり、ブルガリ以外の腕時計にも興味を持ち始めます。

そうしていくうちに、オメガの腕時計に興味を持つようになり、２本目の腕時計として狙うことを決心したのです。

初めて自分で買った時計（オメガ）

初めての高級腕時計として、ブルガリを手に入れてから約1年後、中学1年生になった私は腕時計のことをインターネットで調べていました。１９９９年当時のネットでは、高級腕時計に関する情報はそこまで多くなく、正規品の情報を網羅したサイトがあった程度でした。そこに記されていた、最も安価な機械式の腕時計は、オメガのダイナミックというモデルでした。

中学1年生とはいえ、当時の私には、様々な知り合いからもらった入学祝い金が貯まっていた状況。そのため、定価が15万円以下という価格帯ならば、狙うことができると思ったのです。

ダイナミックの定価は15万円に満たなかったため、購入可能でした。しかし、その見た目がなんとなく気に入らず、私はできるなら他のモデルが欲しいと考えました。そんなことを考えているうちに、不思議とディスカウントストア、ダイクマで新品の高級腕時計が定価以下で売られていることが判明します。そこで私は、オメガのシーマスター

120mを見つけ、これなら買っても良いと思ったのです。

その時私は、本当はオメガのデ・ビルが欲しかったのですが、デ・ビルはダイクマにはありませんでした。なんとなく、「どこにも売っていなさそうだ」という感覚になり、なぜだか、ダイクマにある在庫の中から選ぼうと考えてしまったのです。そして、結局私は、約13万円で売られていたシーマスター120mを購入。**自分が欲しいと思っていた「機械式、ブレスレット」という条件に当てはまることが買った理由です。**これが、初めて自分で買った高級腕時計となったわけです。

しかしながら、家に帰ってからこのシーマスター120mをつけてみると、**なんだかしっくりこなかった**のです。約13万円という大金を出して買ったモノですから、「しっくりこない」ということを認めたくなかったのですが、やはり時間が経過してもその感想は変わりませんでした。

その後、私は、家から近いところにドン・キホーテがあることを知ったのですが、そちらのほうがダイクマよりも遥かに品数が多いことに直面しました。そこには、自分が買ったシーマスター120mがあったのはもちろん、ネットで調べた時に出てこなかったような魅力的なモデルも多々売っていたのです。

ですから、中学1年生の私は、初めて買った腕時計が「しっくりこない」という事実を認めざるを得なかったわけです。

その後、私は「時計雑誌」があるということに気づきます。1999年時点では、インターネットよりも雑誌のほうが、遥かに多くの情報が載っていたのです。そこでは、ドン・キホーテよりもさらに多くの腕時計が、販売価格とともに記されていたわけで、より一層、自分のオメガが「しっくりこない」のだということに直面しました。

そして、腕時計雑誌では、もう一つ重要な発見をします。それは、**腕時計には「中古」という選択がある**ということです。

1本目のブルガリの際、「ローマの本店」だの「ミラノ」だのと言っていたわけですが、2本目の際は、それが「ダイクマ」や「ドン・キホーテ」に変化。これは、自分が見えている腕時計の世界が「正規店」から「並行輸入品」に広がったということでありますが、雑誌を見た私には「中古」という世界が広がったわけです。

結局、自分で買った初めての腕時計は、私の中では「正解」ではなかったわけですが、なぜそうなってしまったかというと、よく調べずに購入したからです。

中学1年生だったとはいえ、10万円以上もの大金を出すわけですから、ダイクマだけでなく、ドン・キホーテや雑誌も調べるべきだったのです。しかし、私がそういったことの重要性に気づいたのは、買った後。結局、最初に買った腕時計は高い勉強代のような感覚でした。

ただ、この失敗には、仕方がないと思う部分もあります。それは、自分で買う前と買った後とで、高級腕時計に対する臨場感が違うという点です。つまり、**買った後では、ある程度感覚がつかめているため、より多くの情報をつかみやすいわけですが、買う前ではどこで情報をつかむかというアタリすらつけられません。**

今は、インターネットで手軽に多くの情報が入手できるため、20年前の私のように、「ダイクマ」じゃなくて「ドン・キホーテ」で買えばよかった、ということは起こりづらいでしょう。しかしながら、やはり1本目を買った前と後とでは、臨場感は異なるため、買う前の世界観と、買った後の世界観は異なる可能性があります。そういった意味では、**最初の1本は、「しっくりこない」かもしれないという覚悟を持って買ったほうが、基準が明白になり、次に良い選択をできる可能性が広がる**といえるのかもしれません。

なお、そのオメガは、「売る決心がつかない」という状態が数年続いた後、2010

年に約5万円で売却。約13万円で買ったので、8万円ほどのマイナスとなりました。

【投資視点へ】
資産価値を意識して初めて買った時計(アクアノート)

オメガを買った後の私は、その〝自分で買った〟という臨場感によって、より多くの知識を収集する土台が形成されていました。そのため、早速「次に買う腕時計」が欲しくなってしまったわけですが、オメガを買ったばかりだったため、すぐには買う勇気はありませんでした。

実は、当時の私には、小学校の頃にもらったお年玉などの貯金があったため、無理すれば10万円ぐらいの時計は買えるという状態だったのですが、欲しかった腕時計の多くは、その予算では購入できなかったのです。

しかし、時計雑誌を見たことによって、「中古品を買えば、予算内で手に入る」ということが判明。それが、タグホイヤーの復刻版カレラでした。けれども、**当時の私は中**

中学生の私には「雲の上」の存在だった復刻版カレラ。

古品には抵抗があって、どうしても新品で買いたいと思うようになってしまいます。中古であれば約13万円で買えたのですが、カレラの定価は税別25万円。オメガの倍以上したため、中学生の私には「雲の上」といった存在に見えた記憶があります。

ただ、不思議なことに、1年ぐらい欲しいと思い続けていたら、徐々にそのタグホイヤーが射程圏内になってきたのです。中学生はバイトもできない年齢ですが、なぜそんなことが起こったのかというと、私がホームページ制作の仕事をしていたからです。とはいえ、営業をしていたわけではないため、知り合いづてに声をかけて「作る」と言ってくれた人がいたらラッキーな程度。それでも、向こうから「ホームページ作れるんだって?」と声をかけてくれる場合が何回かあり、私が中学2年生になる頃にはタグホイヤーを買える状態になっていました。そうして、私は、ずっと欲しいと思っていたタグホイヤーを手に入れることができたのです。

そうなると、私の手元には、**①買ってもらったブルガリ②初めて自分で買って失敗したオメガ③失敗の後に情報収集して本気で欲しいと思ったタグホイヤー**の3本が並んでいたわけです。

この時の感覚としては、**やっと土台が整った**といった感じで、次からはより正確に腕時計を選べるような気がしたのです。

タグホイヤーまで、私は「売る前提」ということを意識して買っていなかったのですが、タグホイヤーの次からは、気に入らなかったら「売れば良い」という感覚で買うほうが効率的だと考えるようになったのです。

そして、中古を選べば、売る時の値下がりリスクも低いことに気づきます。それと同時に、**「中古を買う」ということを意識すると、「それまで自分には関係ない」と思っていた高価格帯のモデルも射程圏内**だということがわかりました。

そのことを意識するようになったのは、私が中学3年生になった頃ですが、その時まででにはさらにホームページ制作で稼げていたため、雲上ブランドも買うことができることに気づいたのです。数年前までは「自分には関係ない」と思っていたほど高価格帯のモデルが、次に買う選択肢の中に入るわけですから、私は楽しくなって、毎日腕時計雑誌を眺めていました。

ちなみに、その当時、時計雑誌界隈では、数年前まで安かったロレックスが高くなっているという現象が話題となっていて、ロレックスのエクスプローラーが特に人気という傾向がありました。

私は、どうせだったら、**「次のエクスプローラーになる時計」**を買えば効率が良いと思うようになり、雲上ブランドのスポーツモデルに目をつけます。

最初に目に留まったのは、ヴァシュロン・コンスタンタンのオーヴァーシーズでした。なぜ、目に留まったかというと、中古が約38万円といった価格帯で売られていたからです。当時の38万円という価格は、ロレックスのサブマリーナー デイトの新品実勢価格とほぼ同程度。ですから、「雲上」であるにもかかわらず、ロレックスプラスαといった価格帯で購入可能だったため、「お買い得」という発想になったのです。

しかし、オーヴァーシーズを見ているうちに、なんだかその時計を買ったら、最初に自分で買ったオメガの二の舞いになりそうな予感がしてきます。そう思ったのは、オーヴァーシーズを選ぶ理由が、「雲上なのに安い」という条件面だったから。つまり、自分が、**心の底から欲しいと思っていない**ことに気づいたのです。

62万円という価格を見て購入を即決したアクアノートの5065/1A。

そうしているうちに、アクアノートを見た私は、「これだ！」と思ったと同時に、エクスプローラーに近いキャラクターだと感じたのです。

私が当時狙っていたアクアノートは、ラージサイズのブレスレットモデル、５０６５／１Aでしたが、その新品実勢価格は90万円台といったところ。しかし、中古となると70万円台でも売られていたため、私はそれぐらいの予算で狙おうと決心したのです。

そして、強くアクアノートが欲しいと思っていたら、雑誌の広告欄に62万円という安値で売られている個体を発見。私はすぐに電話して購入を即決しました。

その即決の理由こそ、62万円という金額で買ったならば、同額もしくはそれ以上の金額で後々売却できると踏んだからです。それは、私が中学3年生の終わり頃のことでしたが、**その頃私が目利きしたアクアノート５０６５／１Aは今では中古５００万円台という価格帯にまで上昇。**初めて自分で買ったオメガで失敗した私でしたが、３本目を買う頃には、大正解を導きだせるようになっていたのです。

流行っていない時期に約88万円で買ったノーチラス

アクアノートを手に入れた後の私は、「次はこんな腕時計を買うぞ！」などと意気込むということはなくなり、自然と腕時計情報を収集。「欲しいものがあれば買う」という心境になっていました。

そんな私が、アクアノートの次に欲しいと思ったのがノーチラスであります。ノーチラスといえば、今では高級腕時計の中で1位を争うほどの大人気モデルでありますが、**私が目をつけた2002年頃は、誰からも注目されていないモデルといった感覚でした。**

アクアノートを買う前の私も、ノーチラスには興味がなかったわけで、当時としては、「なぜパテック フィリップはこんなに古臭い腕時計を未だに現行モデルとし

その珍味的な魅力がたまらなくなったノーチラス。

てラインナップしているのだろう」と思っていたぐらいです。
実際、2002年頃の新品実勢価格においても、ノーチラスはアクアノートよりも安いという状況。当然、中古価格もアクアノートのほうが高いという傾向でした。もちろん、アクアノートも全く注目されていなかったわけですが、それでも1997年に登場した新モデルという感覚だったため、古臭いノーチラスよりは、若干注目度が高かったのだと思います。

では、なぜ、古臭いと感じられたノーチラスに私が興味を持ったかというと、**見ているうちに、その珍味的な魅力がたまらなくなってきた**からです。

アクアノートを手に入れる前は、ノーチラスの魅力がわからなかったのですが、アクアノートを手にしてからは、ノーチラスの〝濃い魅力〟がわかるようになってしまったのです。はっきり言うと、アクアノートが素人向けのような感覚がしてきて、より玄人向けなノーチラスが魅力的に思えてきたといった感じです。

そうして、高1の終わり頃、私はノーチラスを購入。ジャンボサイズが欲しかったので、パワーリザーブの3710/1Aを選択しました。

そして、最高の1本を手に入れたという感覚の私は、ノーチラスをいろいろな人に自慢します。けれども、当時、その良さをわかってくれる人は一人もいなかったのです。

２００２年といえば、フランク ミュラーやパネライが大流行した年でありますが、多くの人は、フランク ミュラーに憧れている様子。例えば、ミーハーな高校の友達にノーチラスを自慢したら、「なにそれ、だせえ、フランク ミュラー買えよ」みたいな回答が返ってきました。

また、「我こそが腕時計を知っている」と言うような人からは、「ノーチラスなんて、腕時計をわかっていないね」といったことを言われてしまう始末。正規店の方からも、「ノーチラスは、他のパテック フィリップを持っている方が、遊びで買う１本です」と言われました。

今では、ノーチラスに対して「わかってないね」なんて言う人はいないでしょう。けれども、全く注目されていない時代に買うと、誰からも褒めてもらえないのです。

さて、私は２００２年にこのノーチラス３７１０／１Aを**約88万円**で購入したのですが、現在ではどういった中古相場となっているのでしょう。その答えは、**１０８０万円**が最安値。つまり、**20年で10倍以上**になっているわけです。

ここで重要なのは、**「これから流行るかもしれない時計」を目利きする時に、他人**

の意見は絶対に気にしてはいけないということです。ノーチラスの例からわかるように、腕時計に精通しているといったような人でも、今流行っているモノ、つまり他の誰かが良いと言っているモノしか「良い」と受け入れられない感覚の人は大勢いるのです。

ですから、腕時計選びで最も重要なのは、自分の感性を磨き、目利き力を養うこと。そして、自分の力で判断して、他人の意見には一切耳を傾けないことです。

ノーチラスは、今や成功者の証といった存在。実際、その中古相場は、「ステンレス+機械式」を狙うなら安くても600万円以上という価格帯に達しています。けれども、目利き力があった私は、そんな成功者の証を高校1年生の時点で、自分の経済力で、手に入れたわけです。

ノーチラスを買った当時は、誰からも褒められませんでしたが、それから20年越しで、その選択が「いかに凄かったか」ということをこの本を読んだ方が褒めてくれることを期待しています（笑）。

私は中3でパテックフィリップ、高3でロールス・ロイスを買った

私は、高校1年生までに、パテック フィリップのアクアノートとノーチラスを手に入れたわけですが、**なぜ、そのようなことが可能だったかというと「売る時のことを考えて買った」からです。**

購入額は、アクアノートが62万円、ノーチラスが88万円。両方合わせると、150万円という金額になるわけですが、これは「買ったら即、消滅」という額ではありません。むしろ、「買った時よりも、売る時のほうが高い」という可能性がある買い物でした。実際、2021年9月現在の中古売値は、アクアノートの5065／1Aが約560万円、ノーチラスの3710／1Aが1080万円という状況になっているのです。

中学生がパテック フィリップを買うということは、たとえ自分で稼いだお金で買ったとしても、様々な批判を受けそうです。実際、中学生の立場でパテック フィリップを買うということには勇気がいります。けれども、その時150万円程度だった2本のパテック フィリップは、2021年現在では1640万円もの評価となっているのです。

もちろん、私は現在までこの2本を持ち続けていたわけではないため、1000万円以上の利益を得たということではありません。**しかし、これら2本を若いうちに手に入**

れたということは、他の誰にもない経験となったわけです。それと同時に、これら2本は、もちろん買った値段よりも高く売ったため、まとまった利益も生み出しています。

そういった考え方が中学生の頃からできた私は、高校3年生の頃、初めての愛車としてロールス・ロイスを購入。パテック フィリップとロールス・ロイスといえば、まさに最高級品の代名詞であるわけですが、そういったモノを高校3年生までに手に入れてしまったのです。

高校3年生の頃に購入した、初めての愛車ロールス・ロイス。

ちなみに、ロールス・ロイスの購入額は50万円でしたが、その後修理代に約90万円がかかるという事態が発生。ただ、腕時計の売買で「売る」というノウハウが養われていたため、このロールス・ロイスも130万円で売却することに成功。実質消費額は10万円で済んでいます。

私は、中3でパテック フィリップ、高3でロールス・ロイスという、「頂点」を手に入れてしまったわけですが、**それがその後の消費を「つまらなくした」とい**

うことはありませんでした。ありがちな批判として、「一番いいモノを手に入れてしまうと、後がつまらなくなる」ということがありますが、実際に「頂点」を手に入れた私からすると、そういった意見は本質的ではありません。

むしろ、10代のうちにパテック フィリップとロールス・ロイスという頂点を手に入れたからこそ、他の腕時計、車といったモノを見る際の目利き力をより強化できたわけで、その後の買い物は、より楽しくなりました。

ちなみに、今、誰もが憧れるノーチラスを10代のうちに手に入れた私は、実はノーチラスをもう一度欲しいとは思っていません。ノーチラスを手にしたことがない人は、「ブレスレットの作りが素晴らしい」などと憧れているようですが、実際、ジャンボサイズを普段使いしていた私からすると、そんなにつけ心地はよくありません。むしろ、ロイヤル オークの４１００ＳＴのほうが軽くてつけ心地がよく、気に入っています。

また、珍味的な魅力というか観点では、ノーチラスよりもゴールデン・エリプスのほうが上だと思います。仮に、私がノーチラスを所有したことがないならば、そういった意見に説得力はないでしょう。まるで、受験したことがない人が「国立大はたいしたことがない」と言っているようなものです。しかし、私は実際にノーチラスを普段使いしていたという経験と、ゴールデン・エリプスを所有した経験から、「ゴールデン・エリプスのほうが珍味的魅力が上」と言っているわけで、想像上の空論ではなく、血肉化された体験から話せるわけです。

また、ロールス・ロイスに関しても、そういったことがいえます。私が所有していたのは、SZ系と呼ばれる、ロールス・ロイス社が最後に作ったオリジナルモデル。最近では、評価も高く、実際実物を見るとその独特な魅力に魅了されます。しかし、乗ってみると、SZ系は1960年代の車のようで、普段遣いは相当不便。ですから、私は今乗っているメルセデス・ベンツのW140のほうが遥かに魅力的だと思っています。

こういったことは、実際に自分で経験しないとわからないことだと思います。特に、今の時代「ノーチラスよりもゴールデン・エリプスのほうが良い」などと言ったら、かつて私がノーチラスを買った時のように「時計をわかっていない」などと批判されることでしょう。

しかし、そういったことは経験してみるとわかります。私の感覚に世の中がついてくるには、少々時間がかかるのは仕方がありません。

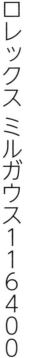

【ここ5年の成績】ロレックス ミルガウス116400

なにかとネタが多い腕時計、ミルガウス116400。

私がこのミルガウスを買ったのは、２０１７年２月のこと。なぜ、これを買ったかというと、当時出した『もう新品は買うな！』（扶桑社）という本の印税が入ってきたからです。それと同時に、日刊ＳＰＡ！での連載も始まったので、なにか「ネタ」になりそうな腕時計を買ってみようということで、このミルガウス１１６４００を選ぶことにしました。

１１６４００というモデルは、なにかとネタが多い腕時計。これは、２００７年にデビューしたのですが、その際は、デイトナ以上の価格帯となっていました。それが、その翌年に大暴落し、今ではそこまで注目度が高くないキャラクターに変化しています。これだけ、茨の道を歩んだモデルは珍しいわけで、あえてそれを買うというのがおもしろいと思ったのです。

ここで、ミルガウス116400という腕時計を詳しく説明したいと思います。

ミルガウスというモデルは、ロレックスのプロフェッショナルシリーズに属し、いわゆる「スポーツモデル」と呼ばれる立ち位置です。90年代後半から、ロレックスの人気モデルは、すなわちスポーツモデルといった傾向があったわけですが、ミルガウスはその中でもレアな存在で、90年代後半当時、シリーズが廃止されていたのです。

90年代後半という時代、現行だったのは5桁世代でしたが、当時は今とは違い、「現行モデルよりも、古いモデルのほうが偉い」といった傾向がありました。この「偉い」というのは、価格帯であったり、人気度合いであったり、憧れられる具合であったりするのですが、そういったことに該当するのが4桁世代だったのです。今で例えるならば、ノーチラス5711／1A－010やデイトナ116506Aといったような存在感が4桁世代のロレックススポーツモデルだったといえます。

そんな、4桁リファレンスのスポーツモデルは、「アンティーク」と呼ばれ、その多くが5桁世代よりも「だいぶ高い」という価格帯に位置していました。その中でも、際立って高かったのが、まさにこのミルガウス。1019は、デイトナ6263（非ポール・ニューマン）と同じぐらいの相場だったのです。

ですから、90年代以降、ミルガウスは「**幻のロレックス**」といった感覚があったわけで、憧れの有名モデルといったキャラクターでした。そして、そういったことにロレックスが反応したのか、2007年、ミルガウスは電撃的にシリーズが復活するという事態になったのです。

その際、登場したのが116400と116400GV。登場時はいずれも定価よりも高い価格で取引されていました。2007年時点の新品実勢価格は、116400GVが180万円程度、116400黒文字盤が110万円程度、同白文字盤が90万円程度といったところ。当時、デイトナ116520黒文字盤が140万円程度、白文字盤が130万円程度だったわけですから、116400GVはデイトナよりも高かったのです。

しかし、その翌年、**2008年9月にリーマンショックが発生したことにより、多くの腕時計相場は大暴落。**ミルガウスも、もちろん影響を受け、116400GVの新品実勢価格は約65万円といった水準に下がってしまいました。ただ、その後、アベノミクスによって多くの腕時計は、2013年頃から軒並み上昇。その結果、2014年頃までには多くのモデルがリーマンショック前の水準と同等かそれ以上という水準に達しています。

けれども、ミルガウスの116400、116400GVは違ったのです。これらはなぜだか、リーマンショック前の水準に戻るといったことはなく、アベノミクス後でも、あまり変動しないという様子が続いていました。そしてそれは、2017年春頃でも同様で、その頃にはすっかり「ミルガウスは大人気だった」ということは忘れられていました。

ですから、私は、2017年において、過去の人気モデルでありながら、すっかり不人気モデルとなっているミルガウスを買うのがおもしろいと感じたわけです。

ミルガウスを購入した際、私が考えていたシナリオは、「今は不人気だが、将来大人気モデルに舞い戻るかも」ということでした。実際、ミルガウスは2017年当時から、生産終了の噂が絶えず、そうなったら再び「幻のロレックス」となってしまう可能性が少なくありません。

また、人気ロレックスのトレンドは、90年代後半から２０１７年頃までにかけて「シンプルな見た目⇓非シンプル」という変化があったわけですが、再びそれが「シンプル」に戻る可能性があると踏んだのです。ちなみに、私が「緑色のガラス」を採用する１１６４００ＧＶではなく、「普通のガラス」の１１６４００黒文字盤を購入した理由は、シンプルなほうが良いという理由と、実物を見た時に気に入ったからです。

ミルガウスを買った当時の私の狙いとしては、「不人気時代、後に大人気となるモデルを買った」ということでした。将来的には２０１７年頃に流行っていたＧＭＴマスター2の１１６７１０ＢＬＮＲよりも高くなったら、どんでん返しだと思っていました。

では、そんなミルガウス１１６４００黒文字盤の現在の様子はどうなっているのでしょう。

現在、ミルガウス１１６４００黒文字盤の中古最安値は約90万円といったところ。私の購入価格は54万８０００円ですから、約35万円ほどの値上がり体験となっています。

ただし、この90万円という金額は「売値」。ですから、この価格で処分できるわけではありません。

では、買取価格はどうかというと、私が２０１９年12月に中野ブロードウェイの時計屋さんをまわって査定してもらったところ、最も高い買取額で62万円を提示されています。その際、１１６４００の売値は約70万円が最安値でした。それを考慮すると、現在の買取価格は80万円以上と推測。そう思って先日査定してもらったら、85万円と提示されました。いずれにしても、私はこのミルガウス１１６４００を「買って⇓使って⇓高く売る」ということができている状態であるわけです。

しかしながら、現在の様子は私の狙いとは外れています。ミルガウスは、買った時よりもしっかり高くなってはいるものの、その立ち位置は、ロレックススポーツモデルの中で「あまり高くないほう」ということに変わりありません。ですから、当初の狙い通り「再び幻のモデルに戻る」ということはまだ起こっていないわけです。

そのため、私はまだこのミルガウスを手元に置いているのですが、実はそういった理由の他に、ミルガウスを売らない理由があります。それは、**ミルガウスを気に入ってしまった**ということ。この時計は、私がこれまで買った腕時計の中で、最も使いやすいのです。

そのため、このミルガウスがなくなってしまうと、気軽につける１本という「枠」が空白になってしまうため、私としてはなるべく売りたくありません。

ですから、やはり「**再び幻のモデル**」**となったような時こそが、〝売り時〟**だと思っているわけで、その際は、高値でミルガウスを売却し、その資金で他のモデルを買うことになると思います。

パテックフィリップ ゴールデン・エリプス 3738／100J-012

先のミルガウスは、不人気モデルであるため、その選択をするということに疑問を持った人も多々いました。実際、私が日刊ＳＰＡ！で、「ミルガウスを買った」という記事を書いた際、ヤフーニュースのコメント欄には「１１６７１０ＢＬＮＲを買えばよいのに」などという意見が多かった記憶があります。

それに対して、このゴールデン・エリプスという存在は、より疑問が深まる腕時計だといえるでしょう。このゴールデン・エリプスも記事にしたことがあるのですが、もはやミルガウスに対してのようなツッコミはなく、**単純に関心を持ってもらえない**という様子でした。

かつてノーチラスへ抱いた感覚を思い起こさせるゴールデン・エリプス。

それもそのはず、**このゴールデン・エリプスというモデルは、過去も今も、注目モデルとなったことが一度もない**のです。それでいて、時計マニアといわれる人たちからの注目度も高くなく、腕時計に詳しいという層にも「？」な腕時計であるわけです。

実際、私も2016年頃、パテック フィリップの公式サイトでゴールデン・エリプスを見た時、「なぜ、こんなに古臭いモデルを頑なに売っているのか」と思ったほど。実際、ゴールデン・エリプスは、1968年のデビューからほぼ形を買えず生産されていたわけです。それだけでなく、2017年時点で現行だった3738は、デビューしたのが1978年という超長寿モデル。私が調べた限りですが、この3738は、最も長い間、パテック フィリップで生産されたリファレンスであります。そんな3738は、2018年に生産終了を発表。デビューから40年もの間、現行モデルとして存在し続けたのです。

この3738には、大きく3つの世代があり、初期モデルが3738、中期が3738／100、最終モデルが2005年に登場した世代となっています。2005年登場のモデルは、イエローゴールド、ホワイトゴールド、ローズゴールドの3つ。ホワイトゴールドとローズゴールドには、2005年世代特有の配色が施された一方、イエローゴールドだけは、従来から変わらない青文字盤が採用されていました。ただ、変わらないといっても、2005年世代のイエローゴールドは、他の世代とは違った印象で、どことなく「ツヤっと」した表情が魅力的だと思います。

なぜ私がゴールデン・エリプスに興味を持ったかというと、2016年冬頃に、中古パテック フィリップの最安値を調べていた時に、よく見かけたからです。**当初は「古臭い」と思ったゴールデン・エリプスですが、見ているうちに、だんだんとその珍味的な魅力がたまらなくなってきてしまいました。**

そして、それは2002年に感じたノーチラスへの感覚と全く同じだということに気づいたのです。そうしているうちに、私はゴールデン・エリプスに強い興味を抱くようになり、だんだんと詳しくなっていきます。

2017年になると、私はゴールデン・エリプスの2005年世代モデル、3738

／100J－012を購入しようと考えるようになりました。しかしながら、ゴールデン・エリプスの個体数はとても少なく、中古品は常に売られているわけではありません。

そういった状況だった一方、海外市場にはいくつかの在庫があったため、国内になければ、海外で購入しようとすら思っていた次第です。そんな中、2017年の冬頃、日本国内に3738／100J－012が中古で売られていることを確認。すぐさま、購入したという次第です。

そして、ゴールデン・エリプス購入後は、その珍味的な魅力にますます魅了されていきます。つけ心地といい、文字盤の魅力といい、その満足度は2002年にノーチラスを買った時以上でした。

そのため、このゴールデン・エリプスも「次のノーチラス」となる可能性があると感じられたのですが、実は私、すでにこの腕時計を売却しています。

2021年現在、ゴールデン・エリプスの立ち位置は、まだ大人気といったキャラクターではありません。ですから、「次のノーチラス」となっていない状態で、私は売ってしまっているのです。

なぜ、このようなタイミングでゴールデン・エリプスを売却したか。その理由は至って個人的なものであります。というのも、ゴールデン・エリプスをつけると次第に肩が凝るという事態になっていたからです。ゴールデン・エリプスは、軽い腕時計のため、パソコン作業の時も装着したままでなんらストレスはありませんでした。そのため、2017年に購入してから、使用頻度の高い1本として愛用していたわけですが、2020年頃から、この腕時計をつけると仕事に集中できないという感覚が起こるようになってしまいました。

これまでの個人的な経験上、こういったことが起こると「売り時」であるため、私は、ゴールデン・エリプスをスパッと売る決断をしたのです。

そして、売るにあたっては、委託販売を使い、売れなければ再び手元に置いておこうといった具合に考えていました。

売りに出したのは、2021年4月ですが、その際私が推測した売値は170万円。そして、委託販売の際、お店が出した値付けは、それに近い169万円という価格でした。いざ、売りに出してみると、1日2日といった短期間で、このゴールデン・エリプスは誰かが買っていった様子でした。

この169万円という売値には、消費税が含まれているため、私の手元にはそれを除いた額と、お店の手数料が引かれ、150万円が入ってきました。

購入額は129万円でしたから、2017年11月から2021年4月までの3年5か月間愛用して、20万円ほどの利益となったわけです。

ゴールデン・エリプスは、一見するとその魅力がわかりづらい腕時計ですが、知れば知るほど魅力的な腕時計。その割には数が少ないため、20万円という利益で、売ってしまうのはもったいなかったかもしれません。ただ、それでも「買って⇓使って楽しんで⇓高く売る」ということは実践できたわけで、私としては、自分が感じた〝売り時〟にサクッと売るという決断をできて良かったと思っています。

オーデマ ピゲ ロイヤル オーク4100ST

これまでお伝えしてきた2本は、今の時代において「マニアック」といったところですが、それに対して、このロイヤル オークは「人気モデル」といったキャラクターであります。

前の2本の値上がり額は、ミルガウスが推定手取り25万円ほど、ゴールデン・エリプスが手取り20万円といったところですが、**このロイヤル オークはそれらを大きく凌ぐ上昇となっています。**

このロイヤル オーク４１００ＳＴ、私がテレビの取材を受けた時に、コミット銀座で査定をしてもらうという企画を行ったのですが、その際提示された額は２６０万円でした。それに対して、私が購入した額は約89万円。ですから、１７１万円ほどの〝利益〟

「人気モデル」ロイヤルオークの値上がり額は大きかった。

が発生している状態であります。

とはいえ、私はこのロイヤル オーク４１００ＳＴを購入してからは、ノーメンテナンスというわけではありません。購入時の状態では、ブレスレットが短かったため、銀座のオーデマ ピゲで、純正コマを購入。その際の金額は、約5万円でした。また、その数か月後には、同じく銀座のオーデマ ピゲでオーバーホールを実施。そのため、89万円という購入額に、15万円ほどの経費が上乗せされています。さらに、私はこのロイヤル オークをクレジットカードの分割払いで購入。最長の24回払いとしたため、15万円近い金利がかかっているのです。そのため、それらを合計すると、このロイヤル オークにかかったお金は119万円程度となります。しかし、それでも、2021年6月時点の買取価格は260万円であるため、100万円以上の儲けということに変わりありません。

なぜ、ロイヤル オークはこんなに値上がりしたかというと、2020年夏頃から「グッと上昇する」という値動きになったからです。ロイヤル オークという腕時計は、1972年に登場した、元祖雲上ブランドのスポーツモデル。最近では「ラグスポ」と呼ばれる腕時計の一つですが、その中でも最も人気があるノーチラスよりも、先に登場しているのです。そうであるにもかかわらず、このロイヤル オークは長らく「目立った上昇」といった値動きがありませんでした。ノーチラスは、2017年頃から「目立った上昇」という値動きとなっていたわけですが、その横でロイヤル オークはあまり相場変化がなかったのです。変化が生じたのは、2018年からなのですが、それでもロイヤル オークの変動水準はノーチラスと比べて「弱い」という感覚でした。

それが、2020年夏からは、ノーチラスを凌ぐほどの上昇に変わります。そういった様子が2021年現在までにかけて継続したため、この1年といった短期間で、過去とは比べ物にならないほど値上がりしたというモデルが増えたのです。

私が購入した４１００ＳＴは、そんなロイヤル オークでもかなり初期の時代に出たモデル。初代の５４０２ＳＴは、39㎜に2針という、当時の腕時計としてはかなりな大型サイズでしたが、この４１００ＳＴは、35㎜かつ3針という内容となっています。ちょっと変わった５４０２ＳＴを一般化したモデルといったところです。

そんな４１００ＳＴは、貴重な初期世代だけあって、文字盤上に書かれている「ＡＵＤＥＭＡＲＳ ＰＩＧＵＥＴ」表記が通常の文字といった見た目。現行モデルを含め、30年近く前から、ロイヤル オークの文字盤は、ロゴタイプの「ＡＵＤＥＭＡＲＳ ＰＩＧＵＥＴ」となっているため、そうでない、ただの文字列といった表記は希少なのです。そして、初代モデルであったとしても、文字盤を交換してしまうと、ロゴタイプとなってしまうわけで、オリジナルの「ＡＵＤＥＭＡＲＳ ＰＩＧＵＥＴ」はかなりレアポイントとなります。

そして、私が購入した４１００ＳＴは、まさにその〝ただの文字列〟といった表記がなされた文字盤。さらに白文字盤という希少性も秘めていました。５４０２ＳＴでは、白文字盤を見かけたことがないわけですが、本当に５４０２ＳＴに白文字盤がないとするならば、その次に古い4100STが〝白文字盤ロイヤル オークとしては最古〟ということになります。

そういったこともあり、私はこの4100STを見るなり即決し、購入にいたったわけです。この4100STの希少性が間違いなく評価されると踏んでいました。

しかし、実は、今回の上昇は、この4100STだけに限らず、2針3針といったロイヤル オークでは全般的に起こっている現象。ですから、今の状態では、4100STのレアさが、際立って評価されたというわけではないため、100万円以上の利益が確保できる状態ながら、私としては「おもしろくない」と思っているのです。

ですから、当然コミット銀座で査定してもらった時も、売るという決断はせず、今でも手元に置いていて、もちろん普段使いしている状態です。

このところ、ロイヤル オークの上昇が、とても目立っているため、近い将来、この4100STのような初期世代への注目が集まっても不思議ではないと思っています。

そうなった時、初めて私はこのロイヤル オークを売ることを考えるのでしょう。

とはいえ、このロイヤル オークもまた、ミルガウス同様、重宝する1本となっているため、まだ「売る」ということには積極的ではありません。売値が400万円台になったら考えようとは思っていましたが、そういった金額になったとしても、他のロイヤルオークよりも評価されているという状態でないと売らないかもしれません。

いずれにしても、**腕時計は持ち続けていても、車のように駐車場代や税金がかかるといったことがないわけで、気ままに売り時を待つということができるのが良い**と思います。

Chapter 04

腕時計情報をどこでつかむか

【知る】

雑誌

腕時計にそこまで詳しくないという方におすすめなのが雑誌です。**「高級腕時計の全体像を知る」といった観点で、雑誌は最も良い**と思います。

今の時代、インターネットを見れば、膨大な情報があるわけですが、そういった情報は、ある程度知識がある状態でこそ役に立ちます。また、WEBコンテンツの表示形式では、「見開きで様々な情報をザッと見る」ということが困難。それに対して雑誌は、見開き2ページで、**直感的に情報を得ることができます。**

特に、これから腕時計のブランドを知りたいという方に雑誌は良いでしょう。適当に1冊買って、1時間ぐらい見るだけで、基礎知識をそれなりに得ることができると思います。

では、どういった雑誌を買えば良いのかというと、Amazonで「腕時計 基本」と調べてみてください。そうすると、「腕時計カタログ」「腕時計入門」「腕時計大全」といったムック本がひっかかりますから、良さそうなものを買ってみてください。

ここまでは、「雑誌」といっても、〝保存版〟といったムック本を紹介しましたが、腕時計界隈には、定期的に発刊されている専門誌がいくつも出ています。それらを大きく2つに分けると、「正規品」か「それ以外」かに分かれる傾向があります。正規品を紹介する雑誌は、その通り、新品の正規品を主に紹介。主に最新の腕時計に対して、詳しい解説などをしています。それに対して、「それ以外」の雑誌は、並行輸入品や中古品の情報を掲載。かつては、並行輸入品や中古品を扱う雑誌が多かったものの、最近では少数派となっているといえます。

ちなみに、20年ほど前に存在した、「ウォッチアゴーゴー」は、正規品も並行輸入品も取り上げていたという稀有な雑誌。内容もとても読みごたえがありました。「ウォッチアゴーゴー」は、２００３年頃すでに廃刊となっているのですが、そこに掲載されている内容はお宝情報だと思います。私個人としては、「ウォッチアゴーゴー」がこれまでの腕時計雑誌の中で最もおもしろかったと思っており、ほぼ全巻を保管しています。

旧モデルの情報や、過去の腕時計界隈の空気感（例えば、人気モデルが今とは違うなど）は、「ウォッチアゴーゴー」に限らず、昔の時計雑誌からつかむことができます。そういった雑誌は、ヤフオクやメルカリでも購入可能ですが、国立国会図書館に行けば無料閲覧できてしまいます。

腕時計をさらに詳しく知りたいという方は、国会図書館に行って昔の雑誌を調査することをおすすめします。おもしろい情報がいっぱい手に入ることでしょう。

ネット――モデルを知るには

雑誌で全体的な知識をつけたあとは、ネットを見るのがおすすめです。ネットといっても、そこには、「公式サイト」、「専門メディア」、「個人ブログ」などがあるわけですが、その他にも「販売サイト」が存在。それぞれのサイトから、知りたい情報が手に入ることでしょう。

例えば、**ムック本では、各ブランドの個性を確認することができますが、ネットでは、モデルや型番といった細かい単位で調査することが可能です。**実は、少し前までの時代では、ブランドの公式サイトには、あまり情報が掲載されていないという傾向があったのですが、ここ5年、10年の間にはそういったことも解消。むしろ、現行品を確認するには、公式サイトを見るのが手っ取り早い状況です。

ちなみに、ロレックスは90年代後半といった時代から、ｒｏｌｅｘ．ｃｏｍを公開していましたが、当時のＷＥＢサイトでは、詳細なモデルの紹介をしていませんでした。例えば、「サブマリーナー」といったモデルのページでは、１６６１３というように特定の型番だけが紹介されており、「サブマリーナーはこんな感じの腕時計です」といった内容だったのです。それに対して、今では、現行すべてのリファレンスが掲載されているという状況。公式サイトから、特定の型番が消えたなら、それはすなわち〝生産終了〟を意味するというぐらい、重要な情報となっています。

なお、２０２１年現在では、高級ブランドの公式サイトで、商品を販売するということが半ば当たり前になりつつあります。しかし、腕時計に関してはそういったことは少数派。腕時計以外のハイブランドでは、エルメスもルイ・ヴィトンもオンラインブティックを展開していますが、高級腕時計でそのようなことを実施しているのは、カルティエやブルガリといった宝飾系のブランドといった傾向です。例えば、ロレックスやパテック フィリップといった腕時計ブランドは、公式サイトに販売機能をもたせていません。

次に、ネット上の専門メディアについてですが、近頃では、雑誌で有名な媒体がネットコンテンツにも力を入れるという傾向があります。また、「HODINKEE」のように、あえて雑誌にせず、雑誌並みの情報をネットだけで展開するというサイトも登場。HODINKEEの日本版は、2019年11月からスタートしています。

また、正規店ではない腕時計販売店も、この5年ほどの間に、自社メディアに力を入れている傾向があります。銀座ラシン、エバンス、コミット銀座という〝銀座勢〟がなぜだか、WEBメディアに力を入れている様子で、実際に販売している商品などをもとに詳しい情報を提供しています。

その一方で、個人の方のブログは、体感的ではありますが、以前よりも見かけなくなった傾向です。ブロガーがYouTubeに移るということもありますが、腕時計専門のユーチューバーでものすごく有名という個人もまだいらっしゃらないようです。

腕時計の情報は、以前よりもプロが伝えるコンテンツが増えた傾向があるといえます。

ネット──新作情報

　高級腕時計の新作は、毎年3月頃に各社がまとめて発表するという傾向があります。その理由は、3月にバーゼルという大きな見本市があるからで、そこで一斉に新作発表されるという傾向があったからです。また、それよりも少し前の時期にはSIHHがあり、バーゼルとSIHHさえ押さえておけば、ほぼすべての高級腕時計ブランドの新作がわかるという状況だったのです。

　そして、そういったバーゼル、SIHHの様子は、毎年雑誌で詳しく伝えられ、腕時計専門誌以外でも、「ブルータス」や「Pen」などが毎年のように腕時計特集を組んでいました。ですから、5年ぐらい前まで、「今年の新作」を知るには、4月、5月といった時期に登場する「腕時計特集」を買う必要があったといえます。

　雑誌での新作特集は、カタログのように新作の全体像をつかむことができ、詳しい解説とともに見ごたえがあった反面、雑誌であるために、情報が遅いというデメリットがありました。先のように、バーゼルは3月でしたが、雑誌が出るのは5月上旬といった時期。ですから、少なくとも1か月以上のブランクがあったのです。そのため、かつてはネット上で、雑誌よりも早く、新作をまとめるというサイトがあったわけですが、近頃では、ネットの情報はさらに充実。というよりも、**新作発表はネットで行われるという時代に変わっている状況です。**

数年前の段階から、バーゼル離れという現象が起きていたようですが、それに加えて2020年からは新型コロナの問題が発生。そうなると、各社の新作発表は必然的にネット上となります。アップルの新作発表時に、多くのファンが公式サイトを注目するということがありますが、最近は腕時計でもそういった現象が起きているように感じます。特にロレックスの新作発表は、「まるで新しいiPhoneが出る時のよう」といった感じで、多くの人が注目し、Twitterなどでつぶやいている様子があります。

ですから、少し前の時代とは異なり、ブランドの公式サイトを見れば、その年の新作情報がまるっとわかるという状況になっているのです。

ただ、要注意なのは、**その年に登場した新作は、次の年になると「いつ出たか」ということがわからなくなる**ことです。例えば、2021年に出た新作の場合、パテック フィリップでは「2021」などと書かれていたり、ロレックスでも、「今年の新作」というページにまとめられているのですが、そういった情報は次の年になると不思議と消滅。ですから、その年に出た新作は、記録していないと後々「いつ出たか」ということがわからなくなります。

不思議なことに、そういった情報をまとめたサイトも見当たらないため、気になるブランドの新作情報はメモしておいたほうが良いと思います。

また、各ブランドがバーゼルで新作発表していた時代の情報も、現在のネットでまとまって保存されているという傾向もありません。例えば、「2001年に出た型番一覧」といった情報があれば便利だと思うのですが、そういった情報はないのです。

ですから、その時計が「いつ出たか」という情報は、後の時代になってみると意外と貴重な情報になる可能性があるわけで、今の新作をメモしておくというのは後々役立つ情報になるかもしれません。

相場のチェック

モデル、型番といった単位で腕時計の知識がある程度ついたら、次に相場をつかむと

いうのが重要です。

腕時計の魅力は、「いかに素晴らしいムーブメントか」というように、その内部にあると信じて疑わない方がいらっしゃいますが、実際には、内面的なものだけではなく、外部的な評価も重要です。**その外部的な評価こそが、「いくらぐらいなのか」ということ。すなわち、相場であります。**

腕時計を価格で評価するなんて「邪道だ」という意見を言う人がいますが、腕時計に限らず、モノの評価は価格によって定められています。例えば、美味しい食べ物を食べた時の、その「美味しさ」とはなんなのでしょう。美味しいと感じた時に、無意識的に判断しているのは、味だけでなく、「この値段の割には美味しい」というジャッジだと思います。どんなに美味しいものがあったとしても、一口10万円と言われれば、「そこまでもない」という感想になるでしょう。その一方で、上質な素材を使った料理が500円と言われたら、「安くて美味しい」と思うことでしょう。こういったことは、サイゼリヤの創業者、正垣泰彦さんの著書『おいしいから売れるのではない 売れているのがおいしい料理だ』（日経BP）にも書かれています。

つまり、消費者の判断には、常に「この価格の割には」というジャッジがあるわけで、モノの評価は、値段とセットだといえるわけです。

このようなことを前提とすると、「今買い時」という腕時計の判断がしやすくなります。実際、私がアクアノート5065／1Aを買った際、62万円という価格が安いと思って買ったわけです。ただ、こういった思考は、「資産を重視した買い方」という観点では、まだ初級だといえます。

私が買った5065／1Aは2015年頃において、200万円程度といった価格帯にまで上昇していましたが、その時点でも「買う」という選択は、正しかったということになるのです。なぜなら、5065／1Aは現在500万円以上という水準に達しているからです。

200万円時点において、もしもそれよりも前に62万円で売っていたということを知っていた場合、一見すると「割高」という印象になります。しかし、その後5065／1Aは500万円台という水準にまで達したわけですから、200万円時点で買ったとしても300万円以上もの値上がり体験となるのです。

今の腕時計の価格を調べると、現時点での相場観をつかむことができますが、**「割高感がある腕時計を買っても良いかどうか」という判断は、過去相場の変遷を知る必要が**

あります。

では、どうやってその情報をつかむのかというと、**腕時計投資ドットコム**の相場情報を見れば簡単です。相場情報では、約1万型番もの腕時計の相場を数年前にまでさかのぼって見ることができるため、これまでどのような値動きをしてきたのかということを知ることができます。

また、腕時計投資ドットコムには「売切価格」というコンテンツがあり、そちらでは「売り切れ」となった過去の価格を調べることが可能です。私は、知らない腕時計があった場合、相場情報でこれまでの値動きをチェックし、売切価格で実際にいくらぐらいで売り切れとなったのかということを調べています。

ただ、腕時計投資ドットコムの相場情報などの情報は、中古品のみとなっているため、新品実勢価格の変遷を調べるには、他のサイトを見る必要があります。

ちなみに、腕時計の価格には、定価、新品実勢価格、中古価格の3つがありますが、定価以外は、変動価格であるため、相場を形成しているといえるでしょう。

では、新品実勢価格を見るにはどうすれば良いかというと、価格.comが便利だといえます。価格.comは、腕時計に限らず、様々な製品の価格情報を掲載していますが、新品の並行輸入品価格情報も充実しています。また、過去の新品実勢価格を追うこともできるため、新品相場がこれまでどうだったのかということも把握可能。ただし、その価格推移は最大2年となっているため、それより昔の情報は価格．ｃｏｍでは調べることができません。

しかしながら、インターネットアーカイブを利用すれば、過去の新品実勢価格を調べることが可能です。例えば、ミルガウス１１６４００ＧＶの過去の新品相場を知りたいなら、価格．ｃｏｍで当該ページを開きます。そのＵＲＬをコピーして、インターネットアーカイブで表示すれば、２００７年頃の「１８０万円台」という価格や、リーマンショック後の「60万円台」という様子を見ることができるのです。

また、インターネットアーカイブを使えば、価格．ｃｏｍに掲載されていない型番の過去新品相場も調べることができます。古くから並行輸入品、もしくは正規直輸入品を取り扱っていた販売店なら、インターネットアーカイブで２０００年頃の相場も調査可能という場合があります。特におすすめなのは、日本レクソン、ジャックロード、タイムトンネルです。インターネットアーカイブにはコツがいるため、試しながら使ってみると良いと思います。

【買う】新品の場合

高級腕時計を「買う」という場合、その選択には、**新品と中古**の2つがあります。また、新品の中には、**正規輸入品と並行輸入品**の2つが存在。そのため、全く同じ腕時計でも、定価、新品実勢価格、中古価格という3つのプライスタグがあるわけです。

はじめに、新品についてですが、近頃は、正規輸入の定価と、新品実勢価格との差がかなり少なくなってきたといえます。20年ほど前では、定価と新品実勢価格との差は「かなりある」ということが当たり前でした。例えば、パテック フィリップ アクアノート５０６５／１Aの定価は１３５万円（税別）でしたが、その新品実勢価格は92万円（税別）。そのため、当時の腕時計ファンの多くは、腕時計を購入する際、「新品実勢価格がいくらぐらいか」ということを判断軸としていたといえます。

20年前といった時代、新品実勢価格は、定価よりも「安い」というのが多数派でしたが、その中でデイトナ16520、エクスプローラー14270は、定価よりも「高い」価格が新品実勢価格となっていました。その理由は、正規店で入手困難だったからです。

20年ほど前においては、「定価よりも実勢価格が高い＝プレミアム価格」という腕時計は、右記2モデルぐらいしかありませんでしたが、2021年の今となっては、結構な数の腕時計が、プレミアム価格となっています。

つまり、今の時代においては、正規品の価格と並行品の価格差は少ない反面、プレミアム価格となっている腕時計が多くなったというように変化したといえます。それと同時に、中古価格は、以前よりも変動するようになっているわけですから、腕時計の〝中古相場〟を追う必要があるといえます。

そうなると、腕時計を買うという際において、着目すべきプライスは「定価」、「プレミアム価格」、「中古相場」の3つとなります。以前とは違い、新品実勢価格はそこまで重要でなくなってきつつあるわけです。

ですから、「新品」という選択をする場合、狙う腕時計が〝入手可能〟なのであれば、正規店で購入するのが手っ取り早いといえます。それに対して、欲しいと思っている腕時計が、いわゆる人気モデルに該当し、正規店では入手困難といった場合、正規品以外で販売されているプレミアム価格の新品を購入するという選択になるでしょう。

ちなみに、正規店で入手困難な腕時計を頑張って手に入れるという行為は、「デイトナマラソン」などと呼ばれていますが、腕時計に詳しくない層も含めてライバルが多いため、入手難易度は高いといえます。

プレミアム価格で買ったとしても、その後値上がりするという事例は多いため、本当に欲しいなら「マラソン」するよりも、プレミアム価格でサクッと買ったほうが、自分の時給を換算すると安上がりとなるかもしれません。

次に、新品の腕時計を買う場合、どういった予算が必要かを説明したいと思います。主に、これから最初の1本を買うという方向けの説明となりますが、今の時代、エントリーレベルの高級腕時計定価は、50万円前後といった価格帯だといえます。

私が初めて高級腕時計を買った20年以上前の時代では、エントリーレベルの価格帯は10万円台でしたから、だいぶ高くなったといえます。ただその反面、値落ちしづらいといったモデルも増えてきているため、実質消費額という観点では、必ずしも「高い買い物」とはならないでしょう。そういった意味では、**新品を買う際も、その腕時計が「中**

古」という条件になった際、いくらぐらいになるのかを調べたほうが、値下がりリスクを避けられるといえます。ですから、新品という選択をする場合でも、中古相場のチェックは欠かせないのです。

中古の場合

中古腕時計を買うという行為は、一度買った人からすると「当たり前」な選択でありますが、まだ買ったことがないという場合、「中古は本当に大丈夫なのだろうか」という疑問があるかと思います。

では、中古は心配なのかというと全くそんなことはありません。最初の3本こそ、新品にこだわった私でありますが、アクアノートを中古で買ってからは、「中古は全く問題ない」ということが判明。アクアノート以降に買った腕時計のほとんどは中古品を選択しています。

中古というと、人によっては「綺麗ではない」というイメージをお持ちかもしれませんが、腕時計の中古品は基本的に綺麗なのです。例えば、同じ高級品でもカバンなどの革製品は、少し使うだけで傷みやすく、一度傷んでしまったら、その後の修復が困難。また、モノによっては、芳香剤やカビといった臭いもつきやすく、いわゆる悪いイメージの中古品といった商品もそれなりにあります。

けれども腕時計の場合は、日常で使用したとしても痛みづらい構造となっているモノが多く、傷がついたとしても、よほど深くない限りは磨きで落とせるのです。また、革ベルトは消耗品という扱いであるため、数年での交換が前提。中古品を売る業者は、仕入れた中古腕時計に対し、磨き作業や革ベルトを新品にするなどして販売することが多いため、流通している中古品の多くは「Aランク以上」といった綺麗な個体が多い傾向です。

ただし、中古腕時計を買うにあたって注意が必要な点もあります。その筆頭が、クォーツムーブメントの腕時計であるのですが、中古として購入後、不具合があった場合、高い修理代がかかる可能性があります。機械式の場合、不具合があったとしても、複雑機構でもなければ、多くの場合、安価にオーバーホールすることが可能です。その一方で、クォーツの場合は、メーカーでないと修理不可能というケースがあり、場合によっては高い修理代となることがあります。そういったこともあり、クォーツの腕時計は、長らく安価な相場となっていました。ただ最近では、ロレックスのオイスタークォーツの相場が上昇するといった様子もあります。

クォーツというと、手軽なイメージがあり、一見初心者向けにも見えますが、実は中古腕時計のクォーツは、かなり経験を積んだ上級者向けであるのです。今の時代、中古クォーツに手を伸ばすという行為は、実は私としても「すごく理解できる」のですが、これは「一周して、クォーツがおもしろいと感じる」ということだと思います。激辛ラーメンで知られる「蒙古タンメン中本」のファンが、激辛を極めた結果、全く辛くないスタミナラーメンに行き着くという現象がありますが、機械式を極めた結果、クォーツに手を出すというのはそれと似ているといえるでしょう。

では、そういった中古腕時計はどこで買えば良いのかというと、有名時計店や質屋さんといったところになります。この場合の有名時計店とは、正規店ではなく、中古品を扱う時計屋さんのことです。中野や銀座にあるお店が有名どころですが、お店に足を運ぶ前に、ネットで在庫状況を見たほうが効率が良いと思います。

お店に行ってウィンドウショッピングをするというのもおもしろいですが、実際に

「買う」場合は、ネットというマクロ視点で情報を得てから、お店に行って実物を見るというほうが確実です。ネットの情報には、ほぼすべての在庫といっても良いぐらいの情報が網羅されているため、「本当にレア」な腕時計を含めて、「どこになにがあるか」が一目瞭然です。

ネットでそのまま買っても問題ないですが、初めて中古品を買うという方など、「中古品は心配」という場合、現地に行って実物を見たほうが安心できるかと思います。

ちなみに私はどうやって買っているかというと、基本的にはネットで購入するのですが、ブルガリ アルミニウムのように、状態が悪くなりやすい腕時計の場合は、現物を確認してから買っています。

中古品という選択は、値下がりリスクが最も低い買い方だといえるため、私としては最もおすすめする買い方です。例えば、定価100万円の腕時計があったとして、その中古相場が25万円だとします。定価で買ったならば75万円の値下がりですが、中古で買ったならばそれほどの値下がりリスクはありません。また、その腕時計の中古相場が、後に35万円となったなら、逆に10万円の値上がりとなります。これは、第3章でお伝えした、私のゴールデン・エリプスの事例と同じです。

また、中古品のほうが安い予算で購入できるという利点もあります。先程述べたように、今の時代、新品という選択では50万円程度の予算を覚悟する必要があります。もちろん、値下がりリスクが少なければ、実質消費額は安く抑えることができるのですが、初めての1本は、安価な予算のほうが良いという方もいるでしょう。そういった場合、中古品の選択では、かなり良いモノでも10万円台ぐらいからが選択肢となるのです。

さらに中古品は、選択肢を増やすという効果もあります。生産終了となった銘品は、当たり前ですが中古でしか購入できません。ですから、腕時計好きとなると、最初は新品主義だったとしても、結局はだんだん中古という選択も視野に入ってくるわけです。そうなると、最初から中古を視野に入れたほうが、効率が良いと私は思うのです。

ローンで買うのもあり

腕時計の購入方法には、現金払い、クレジットカード、ショッピングローンでの購入などがあります。高級腕時計は、自動車並みの価格帯となっている人気商品も珍しくないため、分割払いでの購入は、珍しくない選択だといえます。

しかし、私は6年前に『腕時計投資のすすめ』を出した時は、分割払いでの購入に否定的でした。その理由は、貯金して買ったほうが、金利がかからず経済的。また、貯めるという経験が重要という考えでした。

けれども、今の時代、自分が欲しい腕時計を買おうと思って貯金していたならば、相場が変動してしまう可能性があるのです。そうなると、例えば、あと24か月、5万円ずつ貯めて、120万円のモデルを買おうと思っても、24か月後には200万円となっている可能性があるのです。すると、せっかく貯金したのに買うことができません。

ですから、欲しい腕時計があった場合、しっかりと返済計画を考えた上で、分割払いで買って良いと思うのです。

実際、私もこの6年の間に、分割払いで購入するという体験をしましたが、その結果は「やはり買っておいて良かった」となっています。

私が分割払いで買ったのは、第3章で紹介したオーデマ ピゲのロイヤル オーク。これを買ったのは、2018年12月でしたが、当時私はあまり現金を持っていなかったのです。ですから、分割払いで購入するしかありませんでした。ただ、購入する時に「分割払い」とするのは、なんだか恥ずかしかったので、クレジットカードで購入後、「あとから分割」サービスで、最長の24回を指定。約89万円で購入したロイヤル オークは、月4万3000円ほどの支払額となりました。

クレジットカードで分割払いを利用すると、その年率は15％と、消費者金融並み。ですから、私は一旦最長にしておいて、現金が確保できたら後から一括返済しようと考えました。けれども、その後、私はベンツのW140を購入。現金をその整備費用に充てたりしていたり、さらにもう1台車を買ったりしたため、一括返済する現金は用意できず。結局、24回を最後まで支払いました。

その結果、約89万円で購入したロイヤル オークの総支払額は約104万円。分割払いの手数料に14万6000円ものお金を支払ったのです。

しかし、そんなロイヤル オーク4100STの買取価格は、2021年6月時点で260万円。こうなると、14万6000円もの金利手数料なんて、大したことないといえてしまいます。ですから、この場合、分割払いで購入しても、「正解だった」ということになるわけです。

現金がなかったり、あったとしても使えない事情があるなどした場合、本当に欲しい腕時計が見つかってしまったら、分割払いで購入するという行為は大いにありだと思います。

【売る】お店に行く

ここからは、腕時計を買ってからの話、つまり「売る」時のことをお伝えしたいと思います。

腕時計を売却する方法には、①買取サービスの利用 ②ネットオークションでの個人売買 ③委託販売といった方法があります。

5年ほど前までは、最も高く売却する方法は「ネットオークションの利用」だったのですが、近頃はそういった事情も変わっているといえます。

というのも、**お店の買取価格が非常に高くなっている**からです。5年、6年ほど前までは、実際の販売価格よりも買取価格が安価といったケースがそれなりに見受けられたため、ヤフオク等を利用したほうが高く売れる可能性がありました。もちろん、ヤフオクで売却したならば、8・8～10％ほどの落札手数料がかかりますが、それを考慮しても自分で出品するというほうが高かったのです。

それが今では、時計店等に査定してもらったほうが、オークション手数料を考慮すると、受け取れる額が高いといったこともざら。まして、買取サービスを使えば、その場で売却額が確定され、現金化することができます。また、ネットオークションに出品するには、写真を撮るなどの手間がかかりますし、慣れも必要です。そういった意味では、ハードルが高い売り方であるわけですが、今では、買取サービスという、最も簡単な方法でも高く買い取ってもらえるという良い時代になったといえます。ですから、腕時計を売る際には、街に出向いて、複数の腕時計店や買取専門店で査定してもらうのが良いと思います。

ちなみに、5年、6年ほど前の時代までは、「販売額」のほうにも結構な〝差〟がありました。例えば、ロレックスの14270の中古最安値がネットで38万円だとしても、有名店に行くと最安値が50万円程度といったケースが目立ちました。また、ネット上の最安値に、有名店の商品があるということも稀でした。

それが今や、有名店がネットで最安値をつけるといったことは珍しくなく、どのお店でも、相場通りの価格帯で良いものが手に入るといった状態になっています。もちろん、最安値よりも高い価格の商品もありますが、そういったものは高年式だったり程度が特に良いなど、なんらかの理由があるわけで、相場通りということに変わりない傾向です。

また、この数年で変わったことがもう一つあります。それこそが、**委託販売サービスが充実した**という点です。私が『腕時計投資のすすめ』を書いた6年前には、委託販売を行っている腕時計店はあまりなく、さらに委託販売に積極的でない様子もありました。当時、私は本を書くために、コレクションの一つを委託販売しようと思い、あるお店に出向いたのですが、委託販売の前に正規オーバーホールを行う必要があるという条件が提示されました。正規オーバーホールは、お店経由でする必要があり、その費用は10万円以上。不具合が全くない私の腕時計をオーバーホールするというのはなんだか乗り気になれませんし、売れなかった場合、その10万円超えの費用は無駄となってしまいます。ですから、私は6年前、委託販売サービスを利用しなかったのですが、今ではそういったことは変化しているのです。

実際、第3章で紹介したゴールデン・エリプスは、コミット銀座の委託販売サービスを利用して売ったのですが、その際、売る前の段階でかかった費用は0円です。もちろん、機械の精度など、品質のチェックをお店は行っていました。商品に問題がない状態で、オーバーホールをしないと売りに出さないという条件はもちろん提示されませんでした。

また委託販売というと、「本当に売れるのだろうか」という疑問や、「売れるまでに時間がかかりそう」といった不安もあるでしょう。しかし、私が売ったゴールデン・エリプスというマニアックなモデルの販売期間は、わずか1日2日程度。つまり、出したらすぐに売れてしまったのです。

ですから、今の時代は、5年ほど前よりもさらに多くの中古腕時計需要があるのだと思います。需要が高いからこそ、サービスが進化し、より売りやすい世の中になったのだと思います。そして、売りやすいということは、買う時にも「買いやすい」という効果をもたらすわけで、中古腕時計の環境は、とても良い循環になっているといえる状況です。

ネットで売る

腕時計を売るには、買取サービスを利用するのが良いと述べましたが、お店に行くのが面倒な方は、ネット上でも査定することができます。

実際、店舗を構える有名時計店の多くは、ネット査定を行っているため、お店に行く手間を省いて、高い査定額を得るということは可能です。

ただし、ネット査定を利用する場合、他と査定額を比べるということは難しいでしょう。

ネット査定サービスの多くは、自分の腕時計を相手側に送ってから、査定額が決定するという流れ。そのため、査定額を確定させるには、まずモノを送付する必要があるわけです。つまり、査定額を知るというだけで、時間も手間もそれなりにかかってしまうのです。

また、ネット査定で複数店の査定額を比較しようと思った場合、それぞれのお店に「送って⇓査定額を得て⇓送り返してもらう」というフローが必要。かなり面倒なのと同時に、あまり現実的ではありません。さらに宅配便サービスが安全とはいえ、何度も「送る⇓戻す」を繰り返すと、破損リスク等の確率は上がってしまうことでしょう。

ですから、ネット査定をするぐらいなら、直接お店に行ってしまったほうが、すぐに査定額を知ることができ、複数の査定額を知ることも容易。結果的になにかと楽だと思うのです。

ただ、家の近くに買取店や腕時計店があまりないといった方は、お店に行くことが物理的に難しいでしょう。場合によっては、売るために飛行機に乗らなければならないということもあるかもしれません。

そういった地域にお住まいの方は、委託サービスを利用するのが良いかもしれません。委託サービスの場合、販売額をお店と相談して決められるため、相場に沿った額で売るということが可能。**私の見解としては、買取よりも委託のほうが高く売れる場合が多いと思っています。**委託サービスは、非対面でも利用可能といったお店があります。売りたい腕時計をお店に発送し、電話などでお店と売値を相談し、委託販売を開始。非対面でも、東京の有名店で自分の腕時計を販売してもらうということが可能です。ですから、お店に足を運んで査定してもらうのが困難といった場合、委託サービスの利用が最適解となるかと思います。

Chapter 05

値上がり腕時計全30モデル&上位10モデル徹底解説

さて、ここからは、「資産になる腕時計」ということについて、より具体的に考えてみたいと思います。第5章では、「腕時計投資ドットコム」の協力のもと、過去3年間における「伸び率」をデータに基づき考察。伸び率が凄い腕時計は「どのモデル」だったのでしょう。

これまで、なんとなく「あの腕時計は高くなっていそう」など、感覚的に腕時計の値動きを考えていたという方が多くいらっしゃるでしょう。しかし、ここでは、ビッグデータに基づき「伸び率」を解析。過去3年間にわたって保存された、４９１１型番のうち、比較可能なデータがとれた型番の中からランキングを作成。売値を1年ごとに平均値化し、各年ごとの「伸び率」を示しています。

ということで、この3年間において「伸び率」が高かった腕時計上位30位を公開！

第1位から第10位までのモデルについては、さらに詳しく解説したいと思います。

※このデータは中古の腕時計相場を対象とした、独自調査です。
※伸び率の年平均は、２０１８－２０２１の３年分の伸び率（＝〔２０１８－２０１９の伸び率〕×〔２０１９－２０２０の伸び率〕×〔２０２０－２０２１の伸び率〕）を１年あたりに平均して計算した値です。
※ランキング作成にあたり、年間取り扱い個数が一定数以下のものは「外れ値」として省いています。このランキングよりも、年平均伸び率が上位の型番が存在する可能性があります。
※２０２１年は９月分までのデータであるため、２０２１年平均値は１—９月の数値です。

●売値「伸び率」ランキング（2018-2021年）

	ブランド名	リファレンス名	伸び率			
			年平均	2020-2021	2019-2020	2018-2019
1位	パテック フィリップ	5711/1A-010	146.66%	180%	101%	132%
2位	パテック フィリップ	5712/1A-001	135.78%	142%	93%	157%
3位	オーデマ ピゲ	15400ST.OO.1220ST.01	133.57%	143%	116%	121%
4位	ロレックス	116000	128.06%	143%	115%	112%
5位	ロレックス	116505	127.58%	147%	111%	112%
6位	ロレックス	214270	125.66%	149%	107%	111%
7位	ロレックス	216570	123.94%	129%	111%	120%
8位	ロレックス	116509	123.53%	136%	111%	113%
9位	ロレックス	116515LN	122.87%	131%	117%	110%
10位	ロレックス	116500LN	120.21%	138%	103%	113%
11位	ロレックス	14270	120.19%	119%	103%	131%
12位	ロレックス	116710LN	119.46%	112%	101%	140%
13位	ロレックス	116610LV	119.11%	113%	117%	119%
14位	ロレックス	16030	118.13%	122%	111%	114%
15位	ロレックス	114270	117.58%	131%	106%	110%
16位	ロレックス	16014	116.48%	116%	114%	113%
17位	ロレックス	16570	116.45%	125%	103%	116%
18位	ロレックス	18238	116.28%	123%	121%	100%
19位	ロレックス	114300	116.04%	127%	108%	108%
20位	ロレックス	16618	115.82%	130%	106%	107%
21位	ロレックス	14060M	115.67%	124%	104%	114%
22位	ロレックス	116503	115.46%	120%	107%	114%
23位	ロレックス	116710BLNR	115.26%	113%	100%	129%
24位	ロレックス	114060	115.15%	110%	116%	114%
25位	オメガ	2265.80	115.01%	128%	103%	110%
26位	ロレックス	326934	114.45%	123%	105%	111%
27位	オメガ	3510.50	114.41%	124%	110%	105%
28位	ロレックス	14060	113.90%	125%	104%	109%
29位	ロレックス	116264	113.86%	115%	108%	114%
30位	ロレックス	116610LN	112.23%	109%	110%	114%

年平均伸び率ランキング

第1位

パテック フィリップ
ノーチラス
5711/1A-010

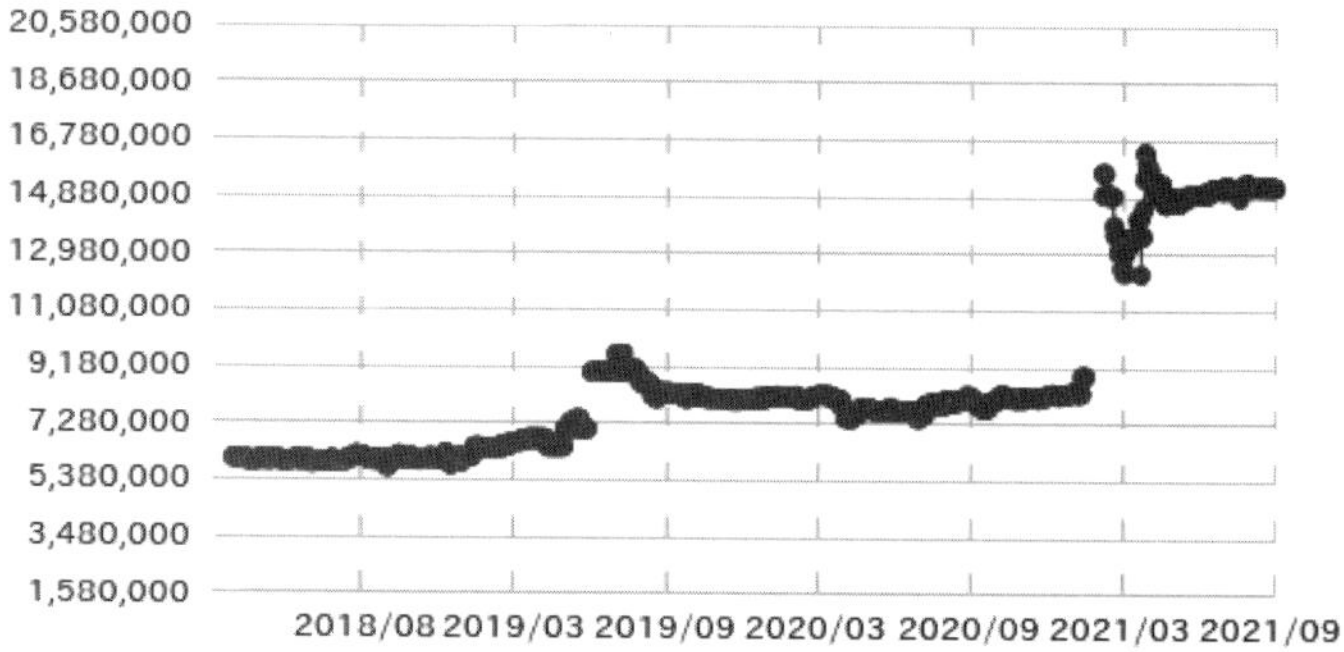

売値	1年あたりの平均値	伸び率	1年あたりの平均値
2018	6,053,198円	2018➡2019	132%
2019	7,981,161円	2019➡2020	101%
2020	8,023,873円	2020➡2021	180%
2021	14,410,858円	年平均	146.66%

伸び率ランキング1位に輝いたのは、ノーチラス5711／1A－010。これは、近年非常に人気が高いモデルのため、「1位」という今回の順位は、なんら驚くべきことではないと思います。ただ、この時計、伸び率を大きく稼いだのが、2020年から2021年にかけてのこと。それ以前も、伸びてはいたものの、2021年春頃から圧倒的な伸びとなっています。そのため、グラフを見ると、それよりも前の時期に、大きな値動きとなっていなかったようにすら見えてしまうでしょう。もちろん、この5711／1A－010は、2018年、2019年といった時期において、「値動きしていなかった」というわけではありません。本当は、2017年からの値動きを掲載できれば、さらにわかりやすかったのですが、2017年から「どーん」と伸びて、2018年5月ぐらいまでそういった動きが続くといった傾向がありました。ただ、2018年5月以降から2019年になるまでは、本当にあまり動いていないという状態。グラフだと、どちらの時期も変わらないように見えてしまいますが、2018年5月頃までは、強い右肩上がりといった印象だったのです。しかし、2021年頃からは、それ以上に激しい動きとなったため、2018年上半期の値動きは「平坦」に見えてしまうわけです。なお、グラフが切れているのは、在庫が0になっていたから。このモデルは、そういった現象が起こった後に、急激な上昇となる傾向があったといえます。実際、2019年3月と9月の間、2020年9月から2021年3月の間に、空白があるわけですが、その前後でかなり大きな変化が起きているわけです。特に2021年3月付近が、最も大きな上昇となっているのですが、それはこのモデルの生産終了が発覚したからでしょう。それまでも伸びていた5711／1A－010ですが、「生産終了」という要素が最大の伸びの要因になったといえます。

年平均伸び率ランキング

第2位

パテック フィリップ ノーチラス

5712／1A-001

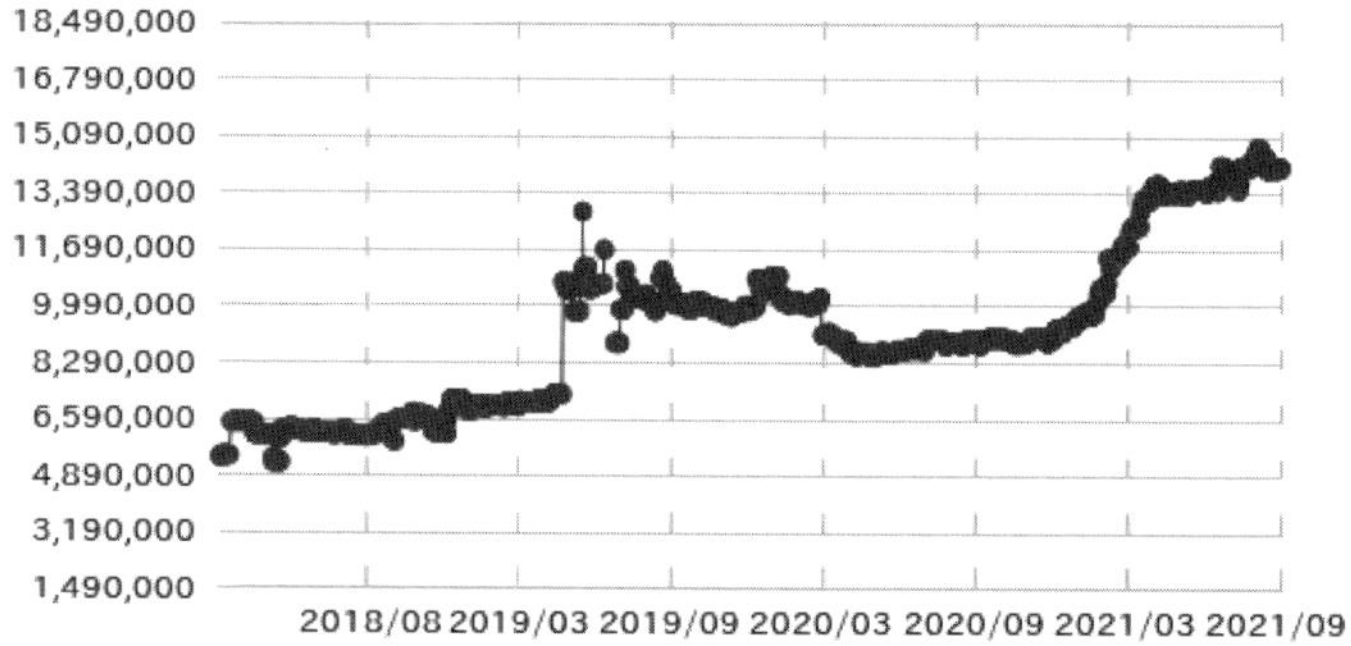

売値	1年あたりの平均値	伸び率	1年あたりの平均値
2018	6,280,847円	2018➡2019	157％
2019	9,832,650円	2019➡2020	93％
2020	9,155,116円	2020➡2021	142％
2021	13,041,477円	年平均	135.78％

次に伸び率が高かったのは、同じくノーチラスの５７１２／１Ａ－００１。これは、３針の「豪華版」にあたるモデルで、定価では「３針よりも高い価格帯」にあたる存在です。しかし、中古相場では、２０１９年頃から５７１１／１Ａ－０１０よりも安価となっている傾向があります。そうとはいえ、伸び率ランキングで２位という座に位置したのは、やはりノーチラス人気の凄さだといえます。これもまた、急激に上昇したのが２０２１年春頃なのですが、５７１１／１Ａ－０１０とは異なり、このモデルには「生産終了」という要素はありません。それでも上昇したのは、５７１１／１Ａ相場に影響を受けた結果なのではないかと考えられます。この５７１２／１Ａ－００１のデータを見ると、２０１８年、２０１９年が目立って上昇。２０２０年が下落、２０２１年が再び上昇となっているわけですが、これは、全体的な中古相場のトレンドを象徴しているかのような値動きだと感じます。とはいえ、２０２０年という時期は、夏過ぎ頃に、回復傾向となっていたモデルが多いため、「２０２０年全体」という視点では、「それほどの値下がり」となっていない事例がそれなりに見られます。しかし、そうであるにもかかわらず、このモデルが２０２０年に９３％の伸び率、つまり下落となっている理由は、２０２０年において５７１２／１Ａ－００１が回復傾向となっていなかったからです。そうしたことは、この５７１２に限らずノーチラス全体に見られたことだったといえます。また、この５７１２／１Ａ－００１は、５７１１とは異なり、売り出し数が０になるということがなかった模様。そのため、グラフの線は、２０１８年から２０２１年まで地続きとなっています。グラフを見る限りでは、５７１１／１Ａ－０１０に対して、やや遅れて値動きする傾向があるといえるでしょう。そのため、このモデルの値動きは、５７１１／１Ａ－０１０の動きを追ってさえいれば、簡単に見極めができる可能性があります。

年平均伸び率ランキング

第3位

オーデマ ピゲ
ロイヤル オーク
15400ST.OO.1220ST.01

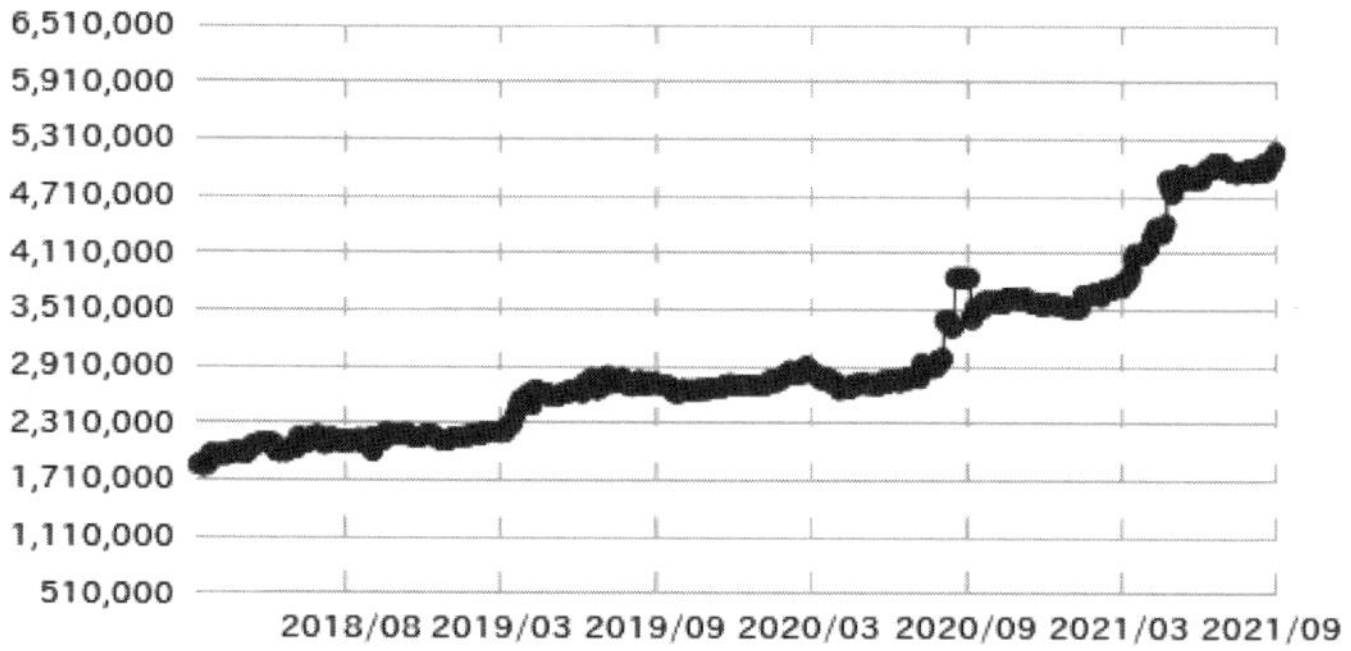

売値	1年あたりの平均値	伸び率	1年あたりの平均値
2018	2,144,864円	2018➡2019	121%
2019	2,598,527円	2019➡2020	116%
2020	3,006,333円	2020➡2021	143%
2021	4,285,594円	年平均	133.57%

この非常に長いリファレンス。これがオーデマ ピゲの特徴です。この15400ST.OO.1220ST.01というモデルは、2012年に登場した15400STの黒文字盤であります。ロイヤルオークというシリーズの特徴は、非常にラインナップ数が多いことであるのですが、同じ「メンズ3針」といったモデルでも、2つの系統が用意されているほど。その一つが、初代の伝統をしっかり受け継ぐ15202。そして、もう一つがこの15400など、アレンジが加えられたモデルです。相場を見ると、15202系が最も高いため、伸び率も15202が上と思ったのですが、意外にもこの15400の黒文字盤が3位となっています。この15400STには、「銀」、「黒」、「紺」と3つの文字盤色があるのですが、最も安価なのが「銀」で、逆に高いのが「紺」という傾向。そのため、値動きとしては「銀」や「紺」を追うほうがわかりやすいのですが、あらためて「伸び率」をデータ化したところ、ランキングに現れたのが「黒」という意外な結果となりました。この15400黒文字盤は、2018年以降、右肩上がりで順調に伸びているといえます。また、1位や2位のノーチラスよりも、きれいな線を描いている印象です。ロイヤル オークというモデルは、まさにノーチラスのライバルといった存在なのですが、実は2018年までそれほど中古相場が変動する印象がありませんでした。このロイヤル オークにとって、転機となったのが2018年なのですが、その時期から、今にかけて、値動きするようになったといえます。このグラフは2018年1月からでありますが、まさにロイヤル オークのこれまでの値動きを象徴しているように思います。そんな15400ST黒文字盤ですが、これまでの伸びで最大だったと思われるのが、2021年3月以降という時期。グラフを見ると、最も「右肩上がり」となっている様子がわかります。

年平均伸び率ランキング
第4位

ロレックス オイスター パーペチュアル
116000

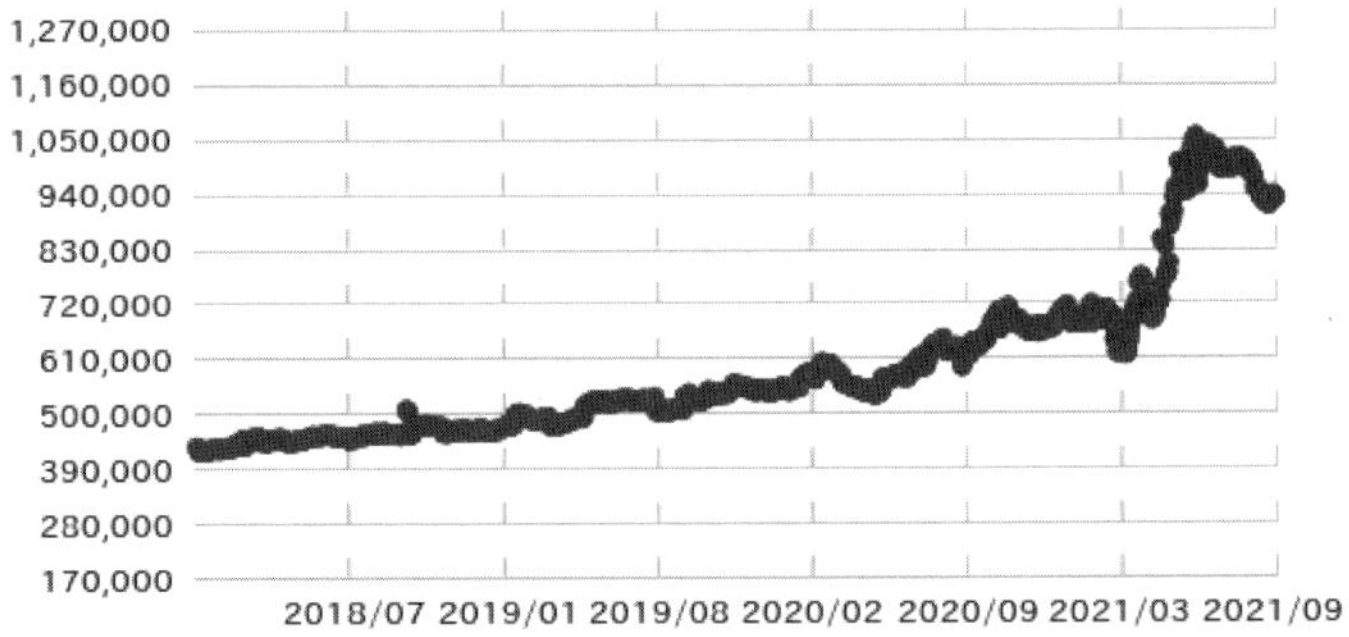

売値	1年あたりの平均値	伸び率	1年あたりの平均値
2018	466,220円	2018➡2019	112%
2019	520,751円	2019➡2020	115%
2020	598,242円	2020➡2021	143%
2021	857,751円	年平均	128.06%

1位から3位をノーチラスとロイヤル オークが独占したわけですが、それに続いて4位となったのが、なんとオイスター パーペチュアルであります。このモデルは、体感的な人気度では「中の中」とか「中の上」といったところ。そのため、伸び率が上位という感覚はありません。しかし、実際にデータ化してみると、その伸び率は、かなり優秀だったわけです。この116000が、今回4位となった理由はおそらく2つ。その一つが、116000を含め、2015年頃にデビューしたオイスター パーペチュアルが生産終了になったという点です。この世代のオイスター パーペチュアルは、非常に評判が高かったのですが、2020年に新世代ムーブメントを搭載するモデルへとバトンタッチ。その際、見た目にも大きな変更があったため、生産終了となった時から「急激な上昇」となっていました。実際、116000のグラフを見ても、2021年3月と9月の間に、凄い伸びが見られます。そして、もう一つの伸びた理由が、「日本限定モデル」という存在です。116000には、様々な文字盤がラインナップされているのですが、そのうちの一つである日本限定文字盤は、非常に高値。例えば、通常のモデルの2倍程度という相場だったこともあるぐらいです。この116000のデータには、その日本限定文字盤も含まれているため、それが強い伸び率に影響を与えたといえるでしょう。とはいえ、日本限定文字盤はこのところそれほど値動きする様子がなく、2020年から2021年にかけての値動きは横ばいといえます。それでも、116000が他のオイスター パーペチュアルよりも伸び率が高かったのは、過去の日本限定文字盤の値動きが影響したからかもしれません。つまり、116000は、2020年から2021年の値動きが優秀という条件に加えて、2019年頃までに日本限定文字盤が「伸び率」を稼いでいたわけです。それが今回、4位という伸び率になった理由ではないかと推測できます。

年平均伸び率ランキング

第5位

ロレックス
デイトナ
116505

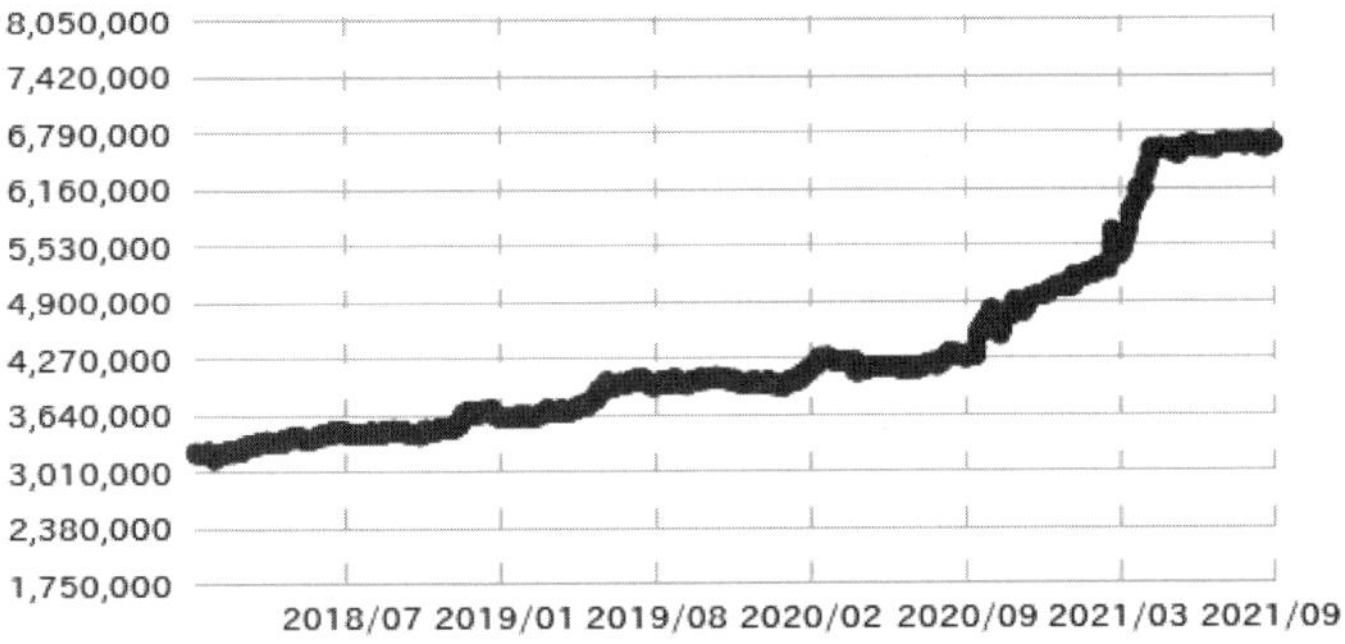

売値	1年あたりの平均値
2018	3,484,628円
2019	3,896,165円
2020	4,332,020円
2021	6,357,791円

伸び率	1年あたりの平均値
2018➡2019	112%
2019➡2020	111%
2020➡2021	147%
年平均	127.58%

伸び率ランキング5位に輝いたのは、デイトナの116505。オイスター パーペチュアルに一歩及ばずという意外な結果となりました。従来、デイトナは「腕時計の王様」といわれるほど、最も人気な腕時計。それと同時に、最も値動きする腕時計という印象だったわけです。しかし、今回の「伸び率」をデータ化したところ、5位という結果となっています。そして、意外だったのが、そこにランクインしたデイトナは、116505というローズゴールドのモデルだったことです。デイトナといえば、ステンレスやプラチナの人気が最も高いという印象があるため、データを見た私はびっくりしました。この116505は、2008年に登場したデイトナ初のローズゴールドモデルで、黒やアイボリー、ピンク文字盤などが用意されています。なお、この116505のデイトナ内における立ち位置は、プラチナの次に高いといったところ。プラチナほど目立った印象はないものの、その人気度は高く、その相場は年々高くなっていくという傾向です。

116505は、下落トレンドを挟んだ、2019年から2020年を含んでも110%以上の伸び率となっているのが凄いといえるかと思います。ただ、2020年において、このモデルが110%以上の上昇となったのには理由があります。それは、2020年夏頃から始まった「K18腕時計の上昇トレンド」です。その時、金の含有率が高いK18モデルが軒並み上昇するという傾向があったのですが、その波に乗って、この116505も2020年夏頃から目立った上昇に変化。グラフを見ても、2020年9月付近に「段」がついていることがわかります。今回このモデルが、他の人気デイトナを抑えて5位となった理由は、このK18上昇トレンドがあったからでしょう。ローズゴールドは、K18の中で最も高値かつ人気というポジションであるため、K18上昇トレンドの波にきっちり乗ったのだと思います。

年平均伸び率ランキング

第6位

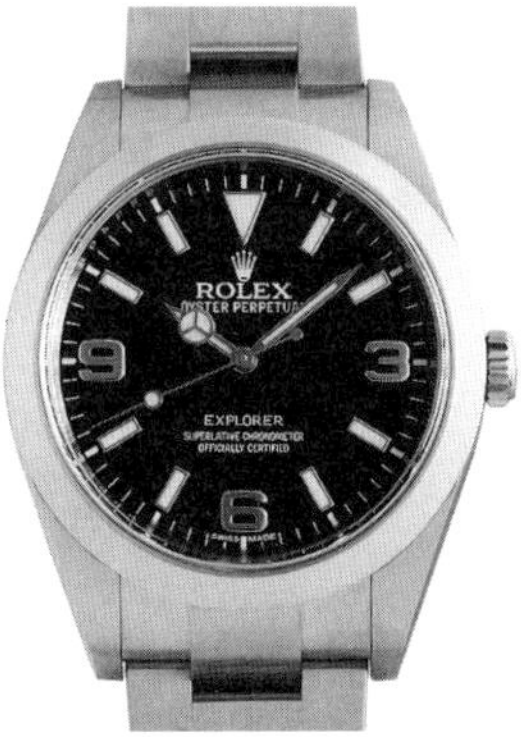

ロレックス
エクスプローラー
214270

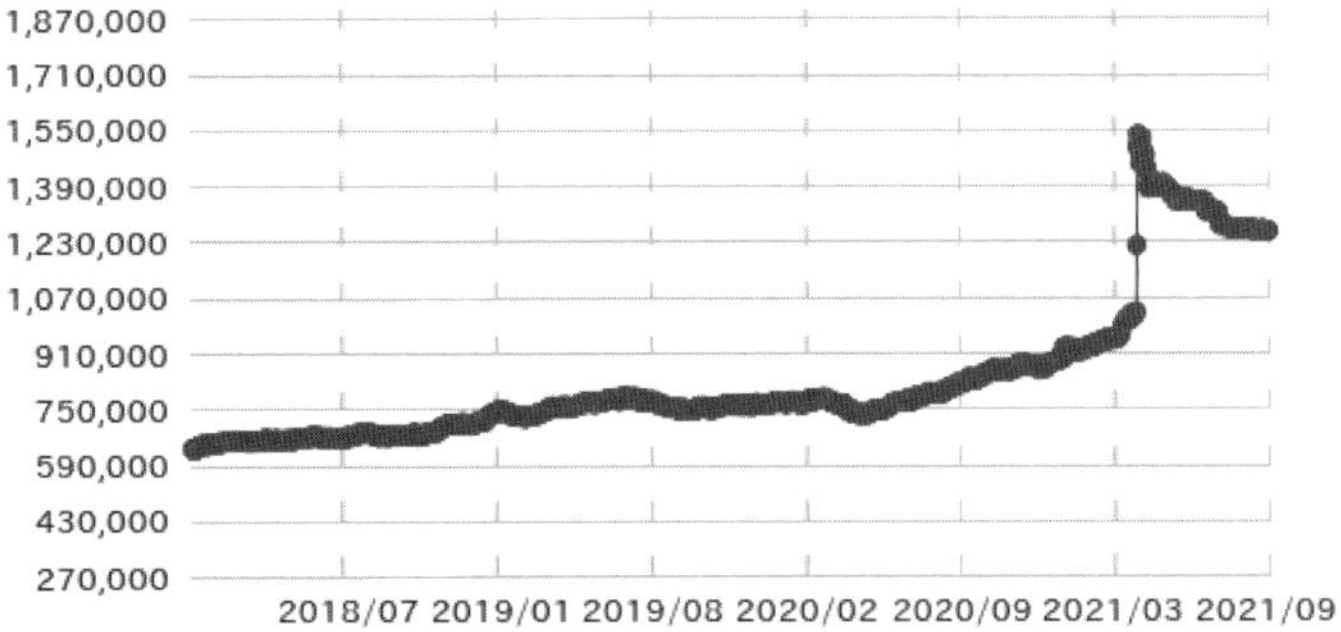

売値	1年あたりの平均値
2018	685,550円
2019	759,146円
2020	810,504円
2021	1,204,187円

伸び率	1年あたりの平均値
2018➡2019	111%
2019➡2020	107%
2020➡2021	149%
年平均	125.66%

２１４２７０の伸び率は、２０１８年から２０１９年が１１１％というように、従来「抜きん出て高い」というわけではありませんでしたが、２０２１年になると圧倒的な上昇を見せています。グラフを見てもおわかりの通り、２０２１年４月頃に、「超急上昇」という様子となっているのです。ちなみに、その後、緩やかに下っている様子があるものの、それでも急上昇前の水準と比べると高い状況に変わりありません。なぜ、この２１４２７０が、２０２１年４月頃から、急上昇したのかというと、それは「生産終了」となったからです。エクスプローラーは、２０２１年４月に、モデルチェンジを実施。２１４２７０が登場したのは２０１０年であるため、デビューから約11年で生産終了になったといえます。ちなみに、こういった「生産終了」ということによって上昇する例は多いのですが、必ずしもこうはならないこともあります。どちらかというと、「生産終了後に上昇する」という状況になりやすいのは、モデルチェンジによってガラッと見た目が変わったモデルです。今回のエクスプローラーのモデルチェンジも、見た目の印象が違う内容となっているため、まさに「生産終了後に上昇」となりやすい事例だったといえます。さらに、「生産終了」という要素によって２１４２７０が上昇した額は、他のモデルの事例と比べても、「結構上がった」といえるでしょう。その理由として考えられるのは、先程のように「見た目が変わった」ということ。２０２１年４月に新作としてデビューした１２４２７０は36㎜というサイズが採用されているのですが、これは歴代エクスプローラーの基本ともいえる大きさです。それに対して、この２１４２７０は39㎜と大きく、長いエクスプローラー史の中で「特異なモデル」ということが、生産終了した時に判明したわけです。

年平均伸び率ランキング

第7位

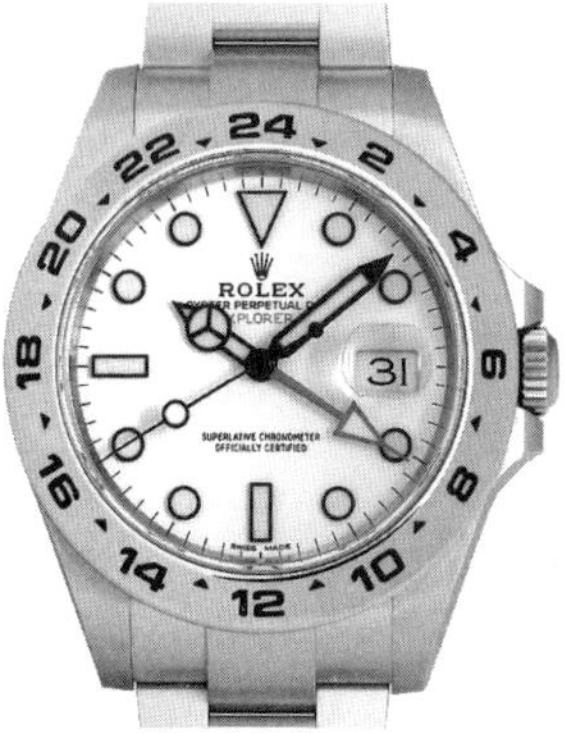

ロレックス
エクスプローラーII
216570

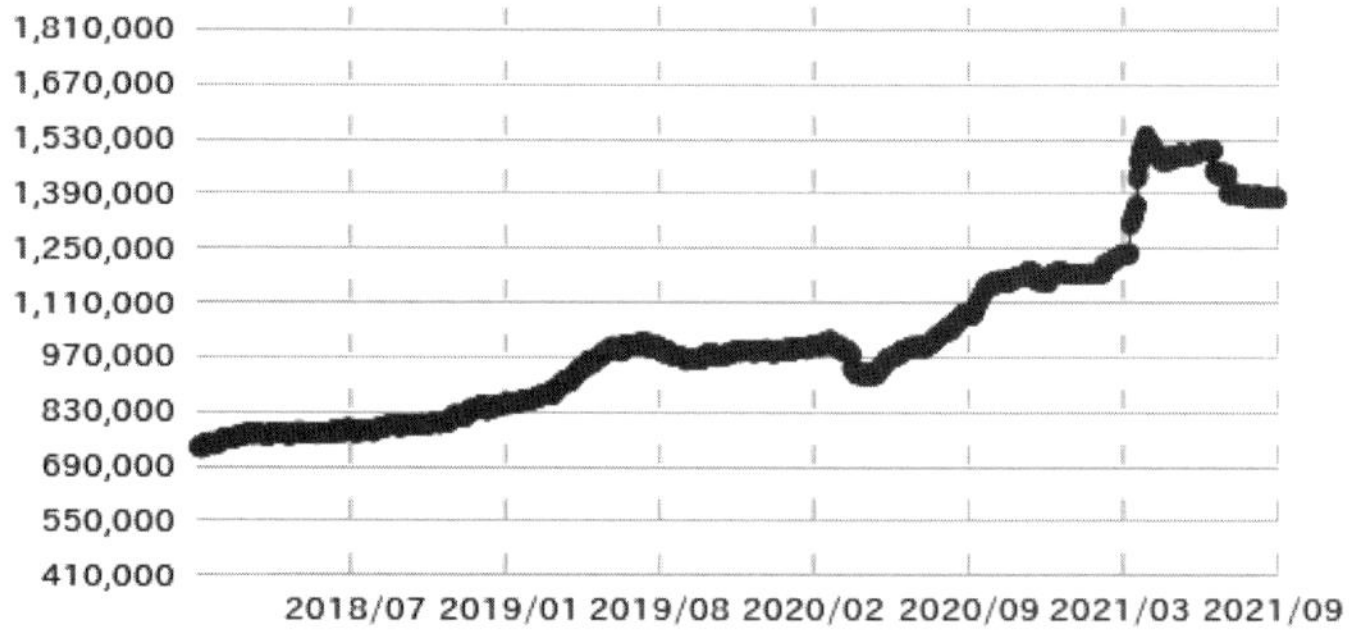

売値	1年あたりの平均値
2018	799,501円
2019	957,188円
2020	1,063,134円
2021	1,370,168円

伸び率	1年あたりの平均値
2018➡2019	120%
2019➡2020	111%
2020➡2021	129%
年平均	123.94%

第6位の214270と同じタイミングで、モデルチェンジを受けたエクスプローラーIIの216570。そのモデルチェンジによって、生産終了となった216570が、伸び率ランキングの第7位にランクインしました。この216570が第7位ということは、腕時計の知識がある方からすると、不思議な結果だと感じられるでしょう。それはどういう意味かというと、第7位という結果が「思ったよりも上」ということであります。216570は、いわゆる「スポーツロレックス」に該当するモデルであるのですが、その中での人気度は、決して高いとはいえない印象です。ここ数年、スポーツロレックスで人気となるモデルには「セラミックベゼル」が装備されているのですが、この216570にはそれがありません。そのため、スポーツロレックスの中での人気度はそこまで高くなく、実際中古相場の序列は、スポーツロレックスの中で下から2番目といったところでした。

そういった経緯があったわけですが、この216570は2021年4月にモデルチェンジされたため、「生産終了」という要素が高値の要因になったと考えられます。しかし、それでも、この216570には謎が残るのです。というのも、2021年のエクスプローラーIIのフルモデルチェンジでは、見た目の大きな変更がなかったからです。そしてそういった場合、「生産終了」となった旧型の値上がりがそれほど激しくならないという事例が多いのです。そのような事情があるにもかかわらず、この216570は伸び率ランキングで7位という上位にランクインしているわけですから、意外な結果という印象になるわけです。そして、この216570の伸び率は、特定の年に急上昇が偏っているというわけでもなく、年々じわじわと高くなった結果でもあります。216570の事例は、「値動きしない」とか「人気が高くない」と思って油断していると、伸びていることを見逃す危険性があるという教訓でしょう。

年平均伸び率ランキング

第8位

ロレックス
デイトナ
116509

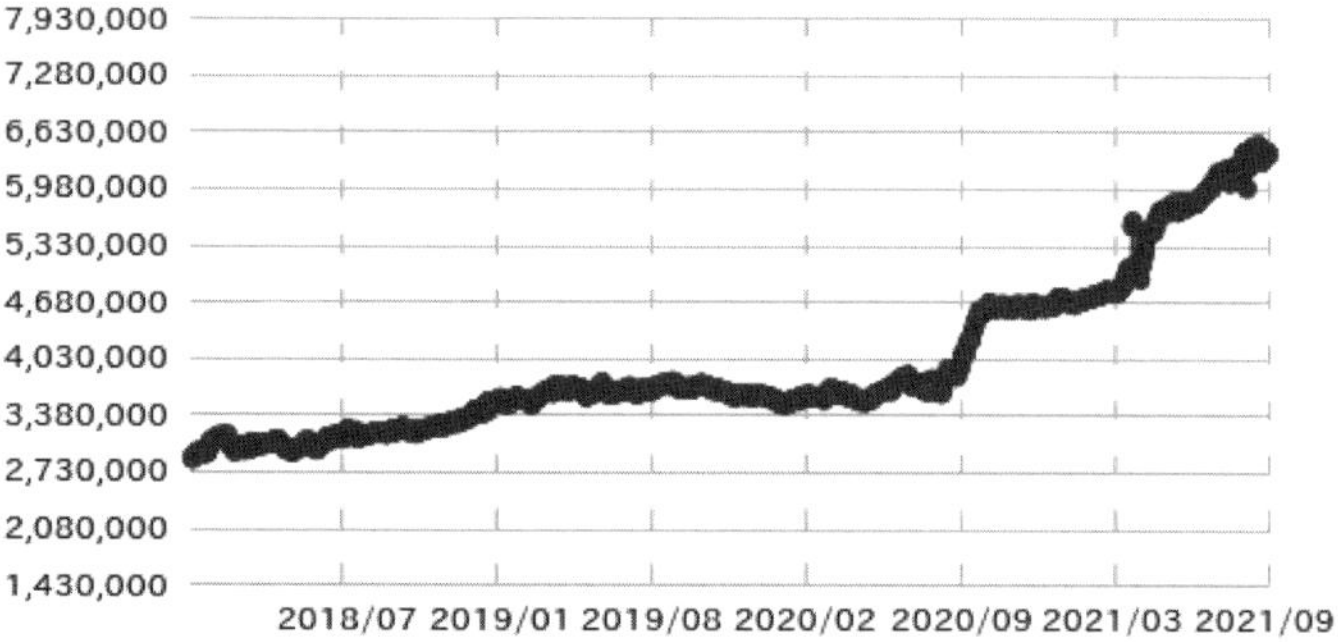

売値	1年あたりの平均値	伸び率	1年あたりの平均値
2018	3,228,553円	2018➡2019	113%
2019	3,640,886円	2019➡2020	111%
2020	4,025,083円	2020➡2021	136%
2021	5,492,296円	年平均	123.53%

ここで、やっと2つ目のデイトナがランクイン。K18素材が高評価となっています。この116509は、ホワイトゴールド素材のブレスレットモデルで、2004年にデビューしています。このモデルが出るまで、デイトナにはホワイトゴールドのブレスレットモデルがありませんでした。そのため、デビュー当初、116509は、フラッグシップモデルという印象で、相場もイエローゴールドよりも圧倒的に高いという傾向。「最も憧れのモデル」というイメージだったと感じます。しかし、その後デイトナにはプラチナモデルが登場。そうなると、同じような見た目のホワイトゴールドは目立たなくなり、実際相場が安価な状態となっていました。もちろん、「全く上昇していない」というわけではなかったものの、リーマンショック後の水準と比べても、変動額が低いなど、他のデイトナとは異なる文脈があったのです。その結果、この116509は、一時ステンレスモデルとの相場差がわずかという状態になっていたほど。しかし、そんな116509も、2020年夏頃から始まった「K18腕時計の上昇トレンド」によって、ガラッと相場が変化します。グラフを見てもわかるように、2020年9月前後から、ずいぶんな右肩上がりとなっているわけです。その時期、上昇する様子を見ていた私も「凄いことが起こっている」と感じたほどの伸びでした。この116509が伸び率ランキング8位にランクインしたのは、2020年夏前まで、評価があまり高くなかったからでしょう。つまり、元の評価がそれほど高くない状況から、一気に高くなったということ。ですから、「伸び」が高いのは当然の結果ともいえます。この116509の事例からわかるのは、高い伸び率となるのは、以前の評価がそれほど高くないほうが有利ということでしょう。人気モデルという選択肢も堅いですが、「高い伸び率」狙いという観点では、注目されていないモデルのほうが、将来の「伸び」を期待できるかもしれません。

年平均伸び率ランキング

第9位

ロレックス
デイトナ
116515LN

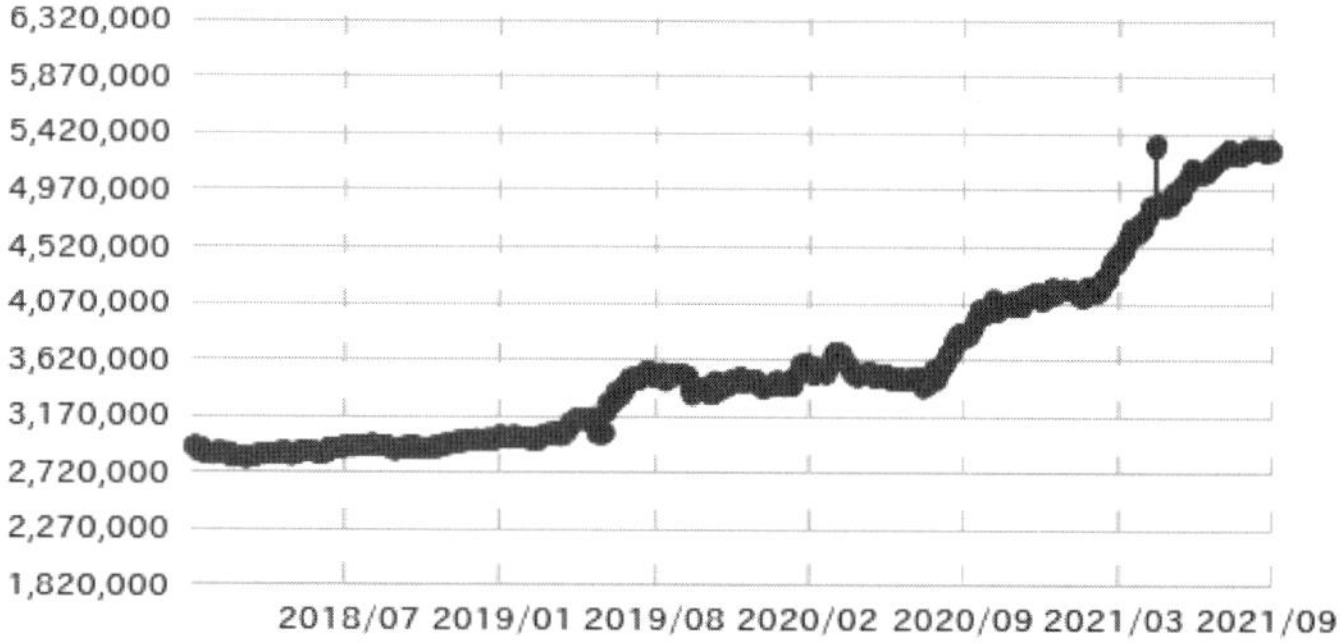

売値	1年あたりの平均値
2018	2,932,037円
2019	3,232,803円
2020	3,790,928円
2021	4,973,991円

伸び率	1年あたりの平均値
2018➡2019	110%
2019➡2020	117%
2020➡2021	131%
年平均	122.87%

第9位にもデイトナがランクイン。9位に輝いた116515LNは、なんと5位の116505と同様ローズゴールドモデルであります。ローズゴールドのデイトナは、人気ではあるものの、「圧倒的な」とか「1番人気」という印象がないため、こういった結果は意外。それと同時に、ローズゴールドのデイトナすべてが伸び率ランキング10位以内にランクインしたのは凄いと感じます。ここで、この116515LNについての説明を少ししたいと思います。これは、2011年に登場したモデルなのですが、デイトナとしては早い段階から「セラミックベゼル」を採用。そのため、デビューから数年間は、「少し変わった見た目のデイトナ」といった印象でした。ただ、2016年にステンレスの116500LNが登場すると、116515LNには、「新世代デイトナ」の見た目がいち早く採用されたということに気づいたわけです。そんな116515LNには、いくつかの文字盤バリエーションがあるのですが、最も特徴的なのは「チョコレート文字盤」でしょう。この116515LNより前の頃まで、「チョコレート文字盤」といったキャラクターは、デイトナでは見かけなかったため、目立つ要素が多く、注目度が高いため、かなり前から「高いデイトナ」という印象でした。通常、転換期のようなモデルだといえます。ですから、この116515LNというモデルには、革ベルトのデイトナ相場は、K18ブレスレットよりも安価という傾向ですが、116515LNは、K18ブレスレットデイトナよりも高値ということが珍しくないほど。つまり、それぐらい「人気がある」といえるモデルです。とはいうものの、この116515LNは、2020年夏頃から急上昇している様子。この時期といえば「K18モデルの上昇トレンド」があったわけですが、それがこの116515LNにも最も影響を与えた模様です。

年平均伸び率ランキング
第10位

ロレックス
デイトナ
116500LN

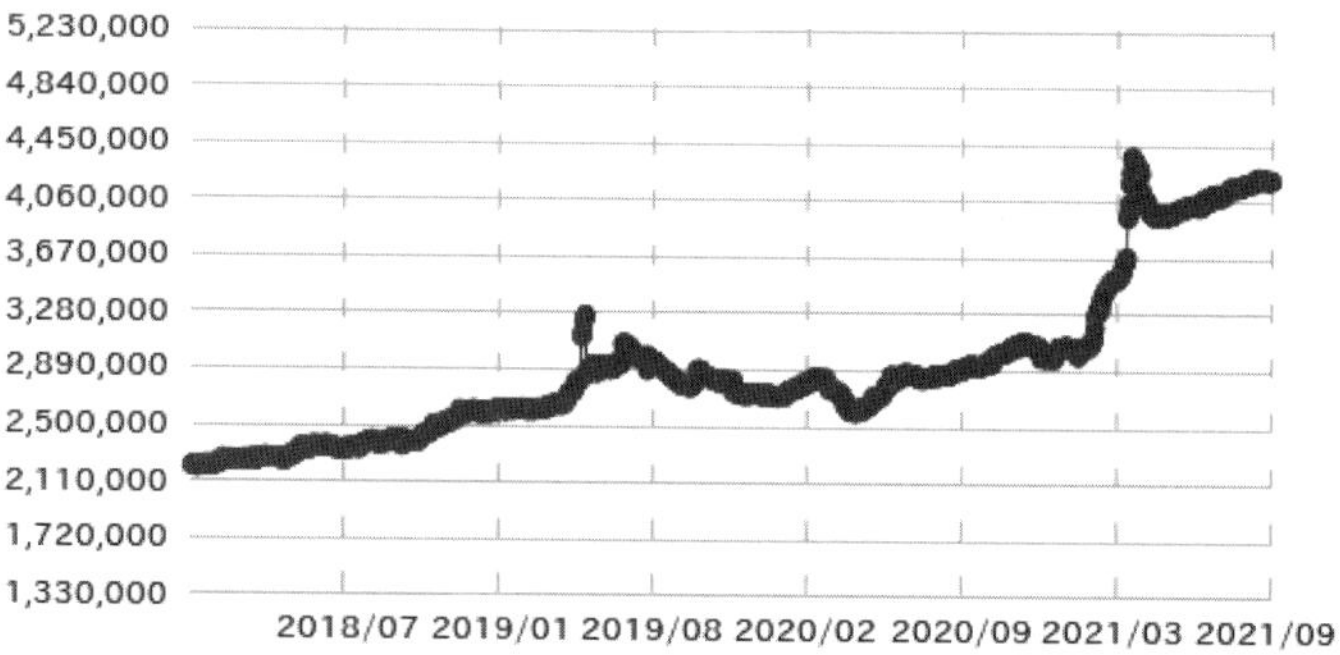

売値	1年あたりの平均値
2018	2,442,779円
2019	2,771,945円
2020	2,858,781円
2021	3,936,271円

伸び率	1年あたりの平均値
2018➡2019	113%
2019➡2020	103%
2020➡2021	138%
年平均	120.21%

ここで、やっとお伝えできるのが、デイトナ116500LN。このモデルは、いわゆる「1番人気」といったキャラクターなのですが、伸び率ランキングでは10位というポジションとなっています。腕時計好き目線だと116500LNというモデルの順位は、もっと高いはず、と思うわけですが、なぜ10位なのかというと、以前から評価が高いからといえるかもしれません。とはいえ、この116500LNも、他に負けないぐらい「上昇し続けている」というイメージです。また、グラフを見てもわかるように、2021年3月付近に急上昇となった形跡もあります。

となると、これだけ上昇している116500LNをもってしても、9位以上のモデルに「伸び率」が勝てなかったというわけで、これまでお伝えしたモデルが、いかに凄い値動きだったかということがわかります。なお、この116500LNには、黒文字盤と白文字盤がありますが、白文字盤のほうが高値という傾向。どちらか一方だけが、目立って上昇ということは稀で、一方が上昇したら、間があいたとしてももう片方も上昇する傾向があります。なお、この116500LN、先述のように2021年3月付近に急上昇し、その後緩やかに下落という様子が見られるのですが、これは第7位のエクスプローラーII 216570と同じような曲線に見えます。216570には、「生産終了」という要素がある一方、この116500LNにはそれがありません。そうであるにもかかわらず、なぜ同じような線となったかというと、「生産終了」という噂があったからでしょう。つまり、この116500LNは、「噂」によって値上がりしたともいえるわけです。その一方で、「生産終了にならなかった」ということがわかった後も急激な下落とはなっていないのが、さすがは「1番人気」といわれるモデルだけあって凄いところだとも思います。

【P.122-140写真協力】

GINZA RASIN

高級ブランド腕時計の販売・買取を行うGINZA RASINは、ロレックスやパテック フィリップなどの人気のモデルから、時計ファンが「これ、探してた」というマニアックなモデルまで、多彩な中古ラインナップが揃う。

銀座本店
東京都中央区銀座8-7-11
ソワレド銀座第2弥生ビル 1F
TEL:03-6252-3500
営業時間:11:00 ～ 19:30
定休日:年末年始
(12月31日～ 1月2日)

銀座ナイン店(ロレックス専門館)
東京都中央区銀座8-7先
銀座ナイン2-1F
TEL:03-6252-9070
営業時間:11:00 ～ 19:30
定休日:年末年始
(12月31日～ 1月2日)

https://www.rasin.co.jp/

Chapter 06

過去6年間のトレンド

【人気腕時計のトレンド】

流行りではなく、普遍的なブランドが人気

私が、『腕時計投資のすすめ』を出した2015年までは、何年かに一度、「流行る腕時計ブランド」が出てくる傾向があったといえます。

例えば、2002年から大流行となったフランク ミュラーや2000年代後半頃から高い注目度となったウブロはその筆頭格だといえるでしょう。

日本において、高級腕時計が流行るといった現象が起こったのは、1990年代後半からだといえますが、最初は「ロレックスブーム」と呼ばれていました。そしてその後、ロレックスを筆頭とした、高級腕時計全体への関心は高まり、それはブームで終わることなく定着したといえます。

初期の時代、まだ多くの人に「高級腕時計」という存在が馴染んでいない段階では、ロレックスやオメガがその「1本目」として紹介されたわけですが、そういったユー

ザーに「２本目」といった感覚で、第３のブランドが「これがアツイ」といった文脈で紹介されたのでしょう。そして、そういったことにハマったのが、まさにフランク ミュラーとパネライだったわけです。

フランク ミュラー&パネライの流行後は、独立時計師ブーム、そしてウブロへとつながっていったわけですが、そういった「流行り」的なブランド消費は、ウブロを最後に見られなくなったといえます。

ウブロが大注目されたのが２０１０年前後といった時期でしたから、私が『腕時計投資のすすめ』を出した２０１５年頃の段階では、「そろそろ次の流行り」が出現する可能性はあったわけです。

しかしながら、２０１５年以降の人気ブランドを見てみると、そこに並んでいるのは、知られたブランドばかり。２００２年のように、誰も知らなかったブランドが一気に注目されるという現象は起きていません。

この6年間で、最も人気といえるブランドは、皆さんご存じの通り、**ロレックスとパテック フィリップ**です。もちろん、その他にも、オメガやオーデマ ピゲといったブランドは人気でありますが、２強といえるのがロレックスとパテック フィリップであります。

2015年までの場合、ロレックスのような定番ブランドの横に加わるといった形で、流行りのブランドが登場したわけですが、このところは、「パテック フィリップだけでなく、オーデマ ピゲも高い注目度になった」というように、**「人気」というポジションに入ってくるのは、「知られた老舗」という傾向となっています。**

ブランド単位ではなく、流行りはモデル単位

以前とは異なり、人気となるブランドが一定の期間で登場するということは見られなくなりましたが、その一方で、この6年間には違う現象が起こったといえます。それこそが、高い注目度となる**「人気モデル」の登場**です。

例えば、パテック フィリップのノーチラスは、2005年からそれなりに人気という状態となっていましたが、1番人気といったポジションではありませんでした。それが2017年以降は、デイトナと1番人気を争うほどの人気度に変化したわけです。かつては、ノーチラスという腕時計は、腕時計マニアぐらいにしか知られていませんでした

が、今では、フェラーリやランボルギーニのように、憧れのアイテムとして高校生ぐらいの年代にまで知られているでしょう。

ですから、このところの「流行り」は、ブランド単位からモデル単位になったといえます。**つまり、これまでは新規のブランドがおもしろいとされていたのが、ブランドは普遍的なものというように固定化され、そういったブランドが展開するモデルのいずれかが、脚光を浴びるといった傾向になったといえます。**

ここでノーチラスの流行変遷を少しおさらいしたいと思います。２００２年にノーチラスオーナーとなった私は、「まだ誰からも注目されていない」という時代に買ったため、ノーチラスが大人気となるまでの様子を1から10まで見てきました。私がノーチラスを購入した２００２年では、並行輸入品の新品が90万円程度で売られていたのですが、いつでもその価格で手に入るにもかかわらず、誰も見向きもしませんでした。私は88万円ほどで買ったのですが、「デイトナマラソン」のようなことをするわけでもなく、どこにでも売られている1本を買ったというわけです。しかし、今では私が買ったノーチラスは１０８０万円という水準に達しています。

最初にノーチラスの注目度が高くなったのは、2005年頃でしたが、この頃から2015年頃までが、流行り第1段階といえます。この時期の特徴は、ノーチラスとアクアノートがともに人気だったという点です。今では、ノーチラス5711／1A－001は1300万円台、アクアノート5167／1A－001は600万円台というように倍近い相場差が開いている両者ですが、2011年頃まではどちらも同じような中古相場でした。ちなみに、2011年における両者の価格帯は150万円前後といったところ。おもしろいことに、アクアノートのほうがやや高いという傾向がありました。

ただ、2015年頃になると、アクアノートが240万円程度だった一方で、ノーチラスは300万円前後という状況に変化。この頃から、両者の相場はやや異なるという状況になってきたのです。

そして、**2017年からはノーチラスが急激に上昇。**この時期からが、流行り第2段階だと分類できます。それまでも、ノーチラスは値動きしていなかったわけではありませんが、この頃からは、「数か月に一度、数十万円単位の変動」というような動き方へと変化。それまで、こういった変動の仕方は、ロレックスが主という感覚でした。それが、ノーチラスは、ロレックスのデイトナ並みといったぐらい、凄い値動きとなっていったのです。デイトナは、長らく「腕時計の王様」と呼ばれるぐらい、一番人気があるというポジションを保っていましたが、2017年以降のノーチラスは王座を揺るがす存在になったといえます。

5711／1A－010の例を挙げると、2017年春頃まで300万円前後だったのが、同年暮れには400万円台にまで上昇。2018年には500万円台後半、2019年には800万円台という価格帯に達していました。ただ、2019年夏以降は下落し、2020年には新型コロナの影響もありさらに値下がり。2020年の下半期は、長らく600万円台という水準に位置していたのです。

そういった様子を見せていたため、2020年においては、ノーチラスの人気度合いに、陰りが見えたのか、と思うところでしたが、**2021年になると再び目立った上昇へと変化。**ここからが、流行り第3段階だといえます。それまでの時代では、800万円台が最も高い水準だったノーチラス5711／1A－010ですが、2021年からは1000万円以上という大台を突破したのです。そして、他のモデルも軒並み上昇し、今ではステンレスの機械式ノーチラスを購入しようと思ったら、最も安い3800／1Aでも600万円以上という状況になっています。

ノーチラスという腕時計は、パテック フィリップの世界観を持つスポーツウォッチでありますが、誤解を恐れずに言うならば、パテック フィリップが解釈したロレックスだといえます。ノーチラスがパテック フィリップの世界観を色濃く出している一方で、アクアノートは、よりロレックスに近い存在。かつては、アクアノートのほうが若干人気が高いという傾向だったのが、今ではノーチラスのほうが圧倒的に人気という状態に変化しています。

ノーチラスは、もともと一般的には理解しづらいモデルでしたが、なぜこのような人気となったのでしょう。**私は、その答えは、高級腕時計ユーザーが「より本物」を求めるようになったからだと思います。**

そうなると、新興ブランドや、乱立する限定モデルといった〝仕掛けられた商品〟といった子供だましは通用しないわけで、本物が徐々に評価されるといったことになるのでしょう。

ですから、**今後は、ゴールデン・エリプスのように「ひと目見ただけでは良さがわからないけれども、だんだん見ているとその魅力に気づく」といったモデルが注目される傾向になるのではないかと私は思っています。**

【相場のトレンド】

２０１７年から始まった超上昇トレンド

これまでの中古腕時計の相場をざっくりおさらいすると、以下のようになります。

・90年代後半から中古相場が形成
・２００２年から２００３年まで緩やかな下落傾向
・２００４年から上昇
・２００７年、２００８年上半期といった時代に多くの腕時計が過去最高値に
・２００８年のリーマンショックで暴落、多くのモデルは２００２年頃よりも安い水準に
・２０１２年まで安い時代が続く
・２０１３年、アベノミクス効果によって、多くの腕時計が再上昇
・２０１４年、２０１５年は年々高くなる傾向が継続。２００７年水準を上回る時計が多数

・２０１５年、拙著『腕時計投資のすすめ』刊行
・２０１６年、夏頃から下落トレンドが発生
・２０１７年、多くの腕時計がそれまで見たことがないぐらいの上昇へ

２０１７年より前の時期も値動きしていたわけですが、２０１７年以降という時代、何が変わったのか。最も大きく異なるのは、値動きの幅です。

「２０１３年⇒２０１４年⇒２０１５年」といった時代には、上昇トレンドといっても、その変動は徐々に変化といったところでした。それが、「２０１７年以降」という時代には、「数か月で10万円以上」という変動を見せるモデルがかなり増えたわけです。

２０１５年頃までの感覚では、「今は高くても、そのうち安くなるかもしれない」という感覚があったといえます。しかし、２０１５年の選択肢としては「買ったほうが正解」というモデルが多かったわけです。

例えば、ロレックス エクスプローラーⅠ１４２７０は、２００９年頃に中古が22万円ほどで入手可能でしたが、２０１５年には38万円程度といった相場になっていました。２００９年の相場を知っていたならば、２０１５年の感覚としては、割高だから買いた

くないと思ったかもしれません。実際、「38－22＝16」で、16万円の値上がり状態だったわけですから、「買ったら16万円の損」という考え方もできたでしょう。

けれども、そんなエクスプローラー14270は、2021年現在では、約79万円が最安値という状況。「79－38＝41」ですから、2015年から41万円もの上昇を果たしているのです。相場が79万円以上になるということは、当然、買取価格も高くなっているわけで、2015年に、買わない選択をしたならば「大きな機会損失」ということになります。

私は、2015年の段階から、「買わないよりも買ったほうが良い」と言い続けているわけですが、それでも「買わない理由」を探し続けている人が一定数いるのが残念でなりません。そういった方々は、「高いから買わない」といった意見を言うのですが、そもそも「高い」「安い」という感覚は、常に変化するのです。

2017年以降、様々な腕時計が活発に値動きするというように変化したわけですが、こういった時代においては、単純に「なんとなく高いから買わない」という意見は通用しません。「今高いと感じられる水準」なんて、今後もっと高くなったならば、「あの時は安かった」と感じられてしまうわけです。

では、活発に値動きするようになった2017年以降、どういった状況となったのか、まずは2019年上半期までを振り返ってみたいと思います。

2017年の上昇トレンドの兆しは、2016年12月の段階で見えていました。それこそが、デイトナ16520の値上がりです。16520は、長らく人気モデルの代名詞といった存在感だったのですが、リーマンショック後⇒2015年頃までの変動は「地味」といったところでした。そんな16520は、2016年までにおいて、120万円程度（黒文字盤）といった水準に位置していたわけですが、2016年12月には149万円（白文字盤）という様子に変化。そして、そこから16520は1か月単位で相場が変わる様子を見せ、2017年夏頃には200万円以上という水準に達しました。

そして、16520の派手な変動の横で、徐々に他の腕時計も派手な変動を見せるようになり、**2017年には人気モデルを中心に数え切れないぐらいの型番が、わかりやすく上昇していた**のです。

こういった「上昇トレンド」は、2007年にも起こっていましたが、2017年がそれと違うのは、**「すでに高くなっている」と感じられた時期よりも、「さらに高くなった」**という点です。すでに、2014年の段階で、腕時計の相場は2007年に似ているといった状況になっていたため、それまでの常識であれば、「それ以上高くなることはない」と思われたでしょう。けれども、2017年からは、「さらに高くなる」という現象が起こったのです。

さて、そういった値上がりは2018年になっても継続。ただ、2018年の動き方は、2017年からの地続きといった感覚で、2017年と同じような動き方をするモデルが多いように感じられました。そのため、2018年は、あまり真新しいことがなかったともいえ、相場的にはドラマがない年ともいえます。

そんな2018年において、特筆すべきはロイヤル オークが上昇するようになったことです。ロイヤル オークのライバル、ノーチラスは2017年の段階から派手に値動きする様子があった一方で、ロイヤル オークはあまり動いていませんでした。それが、2018年からは15400STを筆頭に一部モデルが上昇。ノーチラスほど派手な変動ではなかったものの、値動きするという状態に変わったのです。

そして、2019年上半期についてです。2018年には、あまりドラマがなかった中古腕時計相場ですが、2019年上半期という時代には、2017年、2018年以上に「派手な変動」という様子へと変化。この時期、目立って高くなったモデルは、主に当時の現行世代で、ロレックスのスポーツモデルや、パテック フィリップ ノーチラスなどが軒並み上昇していました。ノーチラス5711／1A－010は、2017年の段階で「400万円台でもずいぶん高くなった」という感覚でしたが、2019年7月には「858万円が最安値」という状況だったのです。

2019年上半期という時期は、そういった派手な変動が多々あったわけで、2017年以上に凄い年という感覚でした。ただ、そんな2019年の夏といった時期からは、やや陰りが見えるようになったのです。

下落トレンドの発生

2017年から2019年上半期まで、約2年半にわたって腕時計の「上昇トレンド」は、続いていました。もちろん、時期によっては「すごく動く」や「あまり動かない」といったブレはあったものの、「下落」という感覚はなかったのです。

実際年単位で、人気モデルの値動きを見てみても、２０１７年から２０１８年での残価率は１３０％、２０１８年から２０１９年上半期の残価率は１２０％などといった感じで、１００％を下回るという動き方はしていませんでした。

また、私が連載している腕時計投資新聞の記事では、気になる値動きがあったら、その様子を型番ごとにお伝えしているのですが、２０１７年から２０１９年上半期までは「数か月前よりも〇〇円高くなった」という内容が主でした。

しかし、２０１９年夏頃からは、「値下がり」という事例が多々発生。そういった値動きは、早いモデルでは７月頃に起こっていましたが、その後だんだんと値下がりするモデルが増え、９月には人気モデルの大半が「値下がり」といった状況になっていました。実際、２０１９年夏頃の腕時計投資新聞の記事を見ても「値下がり」ということを伝えている記事が目立ちます。

私の感覚では、2019年8月の段階で、はっきり「下落トレンド」が始まったと感じられたのですが、２０１９年上半期まで「派手に上昇」という傾向だっただけに、下落トレンドといった様子には驚きました。また、２０１９年夏といった時期は、「下落トレンド」の発生に影響するような経済的出来事がなかったため、「理由なき下落」といった感覚で、非常に不気味な感覚もあったといえます。

ただ、このような「理由なき下落」という事態は、2016年夏頃にも発生していました。2016年の下落トレンド時もまた、数年続いた上昇トレンドからの「下落」という点が、2019年と共通。そのため、2019年夏の時点では、「2016年と同じような現象が再び起こった」と思っていたのです。

そうであるならば、一旦下落したとしても早い段階で回復するはずです。2016年の場合ですと、8月頃から下落が目立ったものの、12月にデイトナ16520が上昇し、2017年になると再び上昇するモデルが増えていました。

2016年までは、「下落」した場合、その後は、しばらく安い時代が続くといった感覚があったため、2016年の下落トレンド時も、安い時期が続く可能性がありました。しかしそれが、意外にも早く回復し、その後〝2017年〟という歴史に残る「派手な上昇」という年がやってきたわけです。

ですから、2019年夏の下落トレンドも、2020年になる頃には「回復」という様子になるだろうと私は予測していました。

そして、その予測は、一旦は当たりとなりました。2020年1月頃には、人気モデルをはじめとした多くのモデルが回復傾向に転じています。ただ、2016年から2017年の事例とは異なり、その際の動き方は、〝地味な回復〟といったところでした。2017年1月頃の場合、「回復⇒上昇」というように、回復するだけでなく、下落前の水準を超すといった勢いがあったわけですが、2020年1月の場合は、「ちょっとした回復」という程度にとどまっていたのです。

そして、そういった地味な回復は2月頃でも同様で、依然として、「再び上昇」となる様子は見られなかったのです。そうこうしているうちに、今度は中国で新型コロナ問題が発生。その時点では、日本での感染事例はありませんでしたが、すぐに日本でも感染者が増加。3月には、日本でも新型コロナが「街中で感染しても不思議でない」という状況になり、4月には最初の緊急事態宣言が出されました。

2月、3月といった時点でコロナの問題が世の中に認知されていたため、腕時計相場は、下落となっても不思議でない状況でしたが、実際に「下落」となったのは、4月に緊急事態宣言が出されてからでした。

多くの腕時計は、2020年になって〝やや回復〟といったところだったものの、2019年夏から始まった下落トレンドによって、その多くは「2019年上半期」よりも明らかに安くなっている状態。それが、4月の緊急事態宣言後には、「さらに安い」という事態になったのです。

例えば、デイトナ116509は、2019年7月時点で、約296万円という状況でしたが、2019年12月には約288万円に下落。そして、2020年5月には、約260万円にまで下がっていました。この約260万円という水準は、2018年9月水準並みだったため、2019年上半期に上昇した分が一気に失われたという感覚でした。そして、こういったことが多くの腕時計に起こっていたのです。

ただ、そういった下落傾向は、2020年6月に緊急事態宣言が解除されると、徐々に見られなくなりました。6月以降は、回復傾向になるモデルが増え、8月には一部モデルで、下落前の水準を上回るという値動きが見受けられました。

8月時点で、多くのモデルが「派手に上昇」という様子になったわけではありませんが、「下落」という様子が見られなくなったため、この時点で、**2019年夏頃から約1年続いた下落トレンドが、ようやく終わりを迎えた**という状況になったのです。

K18モデルの上昇トレンドと、再び上昇スイッチが入った2021年

下落トレンドが収束したといえるのは、２０２０年夏ですが、その頃「値上がり」という様子が見られたのは、「従来では、あまり目立って値動きしないようなモデル」という傾向がありました。

２０１６年の下落トレンドを経て、上昇トレンドとなった２０１７年春の場合、最初に「上昇」といった反応をしたのは、いわゆる「人気があるモデル」でした。また、その後の値動きでも、早い段階で「さらなる上昇」となるのは、人気モデルという傾向があったわけです。

それに対して、２０２０年夏頃の段階で、「上昇」という様子を見せていたのは、**それほど知られていないモデルや、それまで特筆すべき値動きとなっていなかったようなモデル**でした。例えば、ロレックスの場合、ステンレスのデイトナといった人気モデルが「上昇」となるわけではなかった一方、それまで「K18の割には安価」といった印象のWGが、目立って「上昇」という様子がありました。

また、雲上ブランドのスポーツモデルでは、ノーチラスが最も派手に動くという傾向でしたが、2020年8月頃の場合、目立った値動きとなっていたのは、ロイヤルオークのほうだったのです。

そして、興味深いことに、この頃からK18モデルの多くが目立って上昇するという、「K18上昇トレンド」が発生したのです。K18の腕時計は、素材自体に価値があるわけですが、それに加えて、ここ十数年の金相場の高騰という好材料も兼ね備えています。しかしながら、2020年夏までは、金相場が上昇したとしても、K18腕時計も同じ曲線で値上がりするということはなく、場合によっては、K18腕時計の18金素材だけの価格を考慮すると、残り（ムーブメントの重さなど）は5万円程度といったことも見受けられたのです。

そのようなことが是正されたかのように、2020年夏頃からK18腕時計の多くが上昇傾向となり、「金の腕時計」というイメージに見合った中古相場となっていったのです。

その際、値上がりした例としては、ロレックスのデイデイト18238がわかりやすいと思います。18238は、90年代まで現行として販売されていたロレックスの高級機種ですが、中古市場での人気度は高くなく、その相場は２０２０年夏頃まで、約５年にわたって１２０万円程度といった水準が続いていました。それが、２０２０年11月には約１４７万円という水準にまで上昇したわけで、それまでとは明らかに異なる価格帯となったのです。

ちなみに、K18上昇トレンドは、２０２１年になっても続いており、特に６月頃からは、「さらに高くなる」というK18腕時計が増加。先の１８２３８は、２０２１年６月時点で約１９８万円となっています。２０２０年５月には１１０万円という様子でしたから、約１年で88万円も値上がりしたことになります。１８２３８は、数年にわたって「ほぼ変わらない」という様子だったわけですから、「化けた」という感想になるでしょう。

２０２０年の段階では、夏以降に下落トレンドが収束したといっても、いわゆる「人気モデル」の目立った上昇はあまり見られませんでした。ただ、２０２１年になると、そういったモデルの値動きが活発化。１月頃から、徐々に「２０１９年上半期水準を超えた」という人気モデルが出始め、５月になる頃には、多くの人気モデルが目立った上昇という様子になっていました。

そして、そういった人気モデルの「上昇」は凄まじく、「2019年上半期」水準を単に超えるだけでなく、大幅に超えるといった様子。例えば、ノーチラス5711／1Aは、2019年上半期水準が858万円、2020年6月水準が約665万円でしたが、2021年2月には1485万円となっていたのです。

ですから、**2021年の感覚としては、2019年夏から2020年夏まで続いた「下落トレンド」を忘れるといったほど、凄まじい上昇傾向**となっているといえます。

また、さらに2021年が凄いのは、それまであまり値動きしない傾向があったモデルも含めて「上昇」となっている点です。例えば、ロレックスのデイトジャスト16233は、2019年上半期といった時期を含めても、特に目立った上昇という印象がなく、少なくとも5年ぐらいの間、中古相場が38万円程度という印象でした。それが、2021年2月には約51万円、8月には約63万円となったわけです。

この本を書いているのは、2021年9月ですが、現時点までの様子を見る限りでは、**2021年は、ここ20年で最も凄い上昇トレンドの年**ということになると思います。

買い時と売り時

これまで見てきたように、中古腕時計相場には「高い時期」、「安い時期」があるわけですが、そういったことが、「買う」、「売る」ということにどのような影響をもたらすかを考えてみたいと思います。

なお、相場としてお伝えしているのは、販売価格でありますが、販売価格が高いと、当然買取価格も高いわけで、相場が安いと買取額も安価となります。また、ヤフオクなどで個人売買をするなど、お店の買取以外の方法で売却する場合でも、相場通りというのは同様です。ヤフオクでは、〝そのリファレンスの最安値〟よりも少し安い額が、すぐ売れやすい価格帯であるわけです。相場が下がった場合、売値を安くしないといつまで経っても売れないということになってしまいます。

さて、そういったことを前提として、相場を考えた場合、単純に考えると、「安い時に買って、高い時に売る」が正解となります。**しかしながら、この場合「安い時」とはいつなのかを定義する必要があるといえるでしょう。**

例えば、リーマンショック後は、多くのモデルが暴落したため、誰の目にもわかりやすい値下がりだったといえます。また、2016年夏や2019年夏から2020年夏までの下落トレンド時も、比較的わかりやすい「安い時期」だといえます。

その一方で、多くのモデルが目立って上昇していた2017年の水準は、「高い」はずです。しかし、それを2021年基準で見てしまうと、「安い」となってしまうのです。

また、私が『腕時計投資のすすめ』を出した2015年時点でも、「高すぎて買えない」や「高くなりすぎだ」という意見がありました。しかし、2017年は、2015年よりも高いという腕時計が多かったのです。そうなると、2017年の視点からは「2015年水準が安かった」となるわけで、「高い」と感じられた時が、後になってみると「実は安かった」という現象が大いに起こるということになります。

私の腕時計の例を出すと、2017年2月に54万8000円で購入したロレックスミルガウス116400は、その時点では「以前よりもやや高い」という感覚でした。私は、116400が2012年頃まで37万円程度で購入できたことを知っていたのです。

しかしそれでも、私はミルガウスを購入しました。

その後ミルガウスは値上がりし、2018年12月の中古水準は70万円台を突破。その時点で、複数店舗をまわって買取価格を調べたところ、62万円が最高値でした。そして、現在の買取価格を先日聞いたところ、85万円という値段を提示。結局、「割高」で買ったはずのミルガウスは、買った時よりも30万円も高く売れる状態となっているのです。

そうなると、その時点で「高い」と思ったとしても、実はその感覚は正しくないということになります。

ですから、私は「高い」と感じる時に買っても良いと思うのです。

なお、「今高い」と感じられる腕時計が、今後どうなるかは、過去の値動きが参考になるでしょう。第5章で例に出した、過去数年の残価率を見ると、値動きの傾向がわかるため、今後の動きをある程度推測することに役立ちます。そういったことを参考にしながら、買いたいと思った腕時計の中から、値動きしそうな1本を選ぶというのが良いかもしれません。

しかし、その一方で、下落トレンドといった時期に売ることはおすすめしません。なぜなら、安い時に売ってしまったならば、その後に取り返しがつかないからです。売るということは、すなわち手放すということであるため、現金と引き換えに腕時計は手元からなくなってしまいます。そうなると、その後、上昇トレンドとなり、さらに高くなったとしても後の祭りです。下落トレンドになった場合、「今売らないとさらに安くなる」といった不安になるかもしれませんが、その時点で売却額を確定してしまうと、後に高くなった時にどうすることもできないのです。

腕時計は、クルマと違って、持っているだけでかかる税金が発生することもなく、保管に場所もとりません。ですから、持ち続けるということにかかるコストはそこまで高くないわけです。唯一かかるコストとしては、オーバーホール代がありますが、毎日特定の1本を酷使するという使い方でもしない限り、その頻度は10年に1度といったところだと思います。

ですから、私は値下がり時には、売らずに持っておくというほうが良い選択だと思います。例えば、仮にリーマンショックのような出来事が起こったとしたならば、回復までに少なくとも4年以上の月日がかかることでしょう。そして、そういった急激な下落となった際、自分の持っている腕時計が「買った値段よりも安くなった」ということにショックを受けるかもしれません。しかし、その時点で、売却さえしなければ、後に値上がりした時に、再度「買った値段よりも高く売れる」というチャンスがやってきます。

以上のことを踏まえると、**「高い時には買っても良い」反面、「安い時には売っては**

いけない」ということになります。

ですから、**買い時とは「買いたい時」、売り時は「下落トレンド時以外」**といえるでしょう。

Chapter 07

資産になる腕時計選び

今人気のモノを買う

どういった腕時計が値動きする傾向があるのかというと、基本的に中古腕時計の多くが値動きするといえます。ただ、そういった中でも、最もわかりやすいのは、いわゆる「人気モデル」だといえます。

「人気モデル」といわれるような腕時計は、その時点で〝すでに高い〟といった様子。定価よりも高い中古相場となっている場合も多いでしょう。そのため、そういった価格で人気モデルを買うというのは、なんだか割高感が強く、浪費というイメージもあるかもしれません。

実際、私も、2000年頃、当時定価以上の相場となっていたデイトナ16520や、116520を見て、「こんな値段で買いたくない」と思っていました。116520は2000年8月に新作として出たのですが、例えば、2001年1月時点での新品実勢価格は約155万円（黒文字盤、消費税5％で税込換算、某有名店の店頭価格）でした。2000年頃における116520の定価は、100万円程度だったため、50万円ほど無駄なお金を払うような感覚になってしまいます。

また、「定価よりも実勢価格が高い」といった現象は、一見すると「異常」といった感覚だといえます。つまり、おかしな現象であるため、いつまでも続かないという考えになるのは普通のことだと思います。

ただ、そういった考えは、なんのデータにも裏打ちされていない、「個人の感想」であるわけです。

では、２０００年頃に割高感満載だったモデルは、２０２１年現在、どういった中古相場となっているのでしょう。２０００年頃に、新品が「定価以上」となっていたのは、デイトナ１１６５２０やエクスプローラー１４２７０です。デイトナ１１６５２０は、黒文字盤が１５５万４０００円、白文字盤は１３４万４０００円。エクスプローラー１４２７０は、45万９９００円という新品実勢価格でした。それに対して、２０２１年９月現在の中古相場は、１１６５２０の黒文字盤が２４８万円、白文字盤が２５４万８０００円、１４２７０が79万２０００円となっているのです。

つまり、２０００年頃に大人気だったモデルは、当時割高感があったとしても、その20年後にはさらなる上昇という様子。つまり、２０００年頃の選択としては「買う」が正解だったということになります。

なお、右記の例で補足すると、デイトナは、この20年にわたって「人気モデル」という座を貫き通してきましたが、エクスプローラーは大人気といった状況ではなくなっています。例えば、2000年の新品実勢価格を見ると、エクスプローラーはデイトナの次に高いという立ち位置でした。それが、2007年頃にはスポーツロレックスの中で、最も安価という新品実勢価格になっていたのです。そして、それから今にかけて、エクスプローラーのポジションは、2007年と変わらない状況が続いています。

ここで理解しなければならないのは、エクスプローラーは、2007年以降、「デイトナの次」というポジションを失ったものの、その中古相場自体はしっかり伸びたという点です。14270は、1999年頃に特に「大人気で入手困難」という状態だったのですが、その当時の新品実勢価格が60万円でした。

それが、2007年以降、エクスプローラーの人気が低下したことにより、中古相場は下落。それに追い打ちをかけるようにリーマンショックが起こり、一時は22万円ぐらいで中古の程度が良い個体が買えるという事態になっていたわけです。そして、その後アベノミクスによって、エクスプローラーは再び上昇するものの、その中古相場は38万円程度といったところ。どうやったって、1999年頃の60万円という水準には届かないだろうと思われていたことでしょう。まるで、ミルガウス116400GVの2007年水準（約180万円）のように、「もうそんな高値にはならない」と思われていたわけです。

しかし、そんな14270は2021年に特に上昇し、その中古相場は9月現在では70万円台後半という様子。相変わらず、スポーツロレックスで最も安価というポジションであるものの、大人気だった時代の新品実勢価格を超えているのです。

以上のことから、**「今の時点で人気」というモデルを割高感がある価格で買うのは、必ずしも浪費となるわけではない**ということがわかります。

むしろ、毎日複数の正規店をまわって、定価で買う努力をするよりも、自分の時給を考えたならば、プレミアム価格ですぐに手に入る中古品を買ってしまったほうが良いといえるでしょう。

また、**ここ数年の事例では、人気モデルは年々上昇する傾向があるため、短期狙いという観点でも良い選択となる場合があります。**先程例として挙げた、2000年頃と2021年現在との比較は、約20年の長期視点ですが、1年といった短期でも、人気モデルは高い資産性を期待することができます。

例えば、第5章の伸び率を見ると、ノーチラス5712/1A-001は、1年単位で157%の伸びとなった年があるぐらいです。5712/1A-001の伸び率は、2018⇒2019が157%、2019⇒2020が93%、2020⇒2021が142%となっているのです。断続的な下落トレンドが始まった2019年に買った場合、1年後には値下がりとなってしまっているので、場合によっては「値下がり」ということになるでしょう。しかし、2020年に買ったならば、その1年後には142%の値上がり状態。値下がり時に売らなければ、当然値上がり体験となるわけです。

右記事例は、とてもわかりやすいといえ、短期で157%や142%の値上がりが狙える一方、時期によっては93%となるということを示しています。

人気モデルは短期狙いでも、長期狙いでも、これまでのデータを見る限り、将来的には良い結果となる場合が多いため、資産になる腕時計としては、最も簡単な選択肢だといえるかと思います。

将来人気になりそうなモノを買う

次に「将来人気になりそうなモノを買う」という観点で、資産になる腕時計を考えてみたいと思います。

「将来人気になりそう」という言葉で察した方もいらっしゃるかもしれませんが、これは今そんなに注目されていないモデルを買うということであります。もっと強い言葉でいえば「不人気モデル」を選択するということになるでしょう。

結論から言ってしまえば、**不人気モデルを買うという行為は、長期的にはかなり「あり」**だといえます。

もちろん、不人気な腕時計は、需要が低い傾向があるため、短期狙いをするのは難しいでしょう。しかし、長期的には「トレンドの変化」ということにより、大逆転な値上がりとなる場合もあります。

それこそが、かつて私が買ったパテック フィリップ ノーチラスやアクアノートの事例です。第3章でも述べたように、かつて私は、注目度が低い時期に、アクアノートやノーチラスを購入。現在500万円以上のアクアノートは約62万円、1080万円程度となっているノーチラスは、約88万円で手に入れました。

今では62万円、88万円という額を見ると、なにか特別なことをして買ったのではないかと思われてしまうかもしれませんが、2002年当時はそういった〝相場〟だったため、買おうと思えば誰でも似たような価格で買うことができたわけです。

しかしながら、そのような価格帯でアクアノートやノーチラスが売られていても、誰も見向きもせず。だから、当然相場が安かったということになります。第3章でも述べたように、特に2002年頃、ノーチラスは「全くもって人気じゃない」という状態。存在すら知られていないので、〝不人気〟という土俵にすら立っていなかったといえます。

また、ノーチラスという存在をなんらかのきっかけで知ったとしても、注目する人はいませんでした。私が知る限りではありますが、当時の知り合いやネットを見ても「ノーチラスが格好良い」という意見は皆無。むしろ、「ダサい」とか「耳が変」と言われていたわけです。

では、そのように人気がなかったノーチラスは、いつ頃からそれなりに注目されるようになったのでしょう。その答えは、第3章でも触れたように、**2005年が転換期**だったといえます。

2005年前後を境目にして、アクアノートとノーチラスの中古相場は上昇。2002年に100万円以下で購入可能だった両者は、2005年の時点では130万円台ぐらいまでになっていたと記憶しています。なぜ、この時期から高い注目度となったかというと、モデルチェンジがあったからでしょう。長年、ノーチラスのメインモデルは3800/1Aという状況が続いていましたが、そんな3800/1Aは1982年に登場したモデル。2002年の時点でデビュー20周年という状態だったため、「古臭い」という感想はあながち間違っていないともいえます。

ただ、その3800/1Aの新作が出ると、そういった古臭さが、実は「たまらない」ということに気づいた人が多発。そうして、2005年頃の世代交代時から注目度が高くなったのでしょう。

とはいえ、その時点ではまだ「デイトナ並み」という状況には至っていません。2005年頃の相場は、私が購入した2002年からすると割高だったものの、現在水準と比べると「ずいぶん安い」ということになります。

そんなノーチラスが「デイトナ並み」となったのが、2017年以降なのですが、なぜそうなったかというと、2005年からノーチラスファンがじわじわと増えていった結果、富裕層の間に一定数が流通。それを見て、大衆が憧れるという土台が形成されたのだと思います。

実際、かつてはノーチラスという名前を知らなかったような層にも、ノーチラスは「高くて格好良いモデル」として認知されているわけで、2002年とは全く異なる様子となっているわけです。

また、ノーチラスのライバルともいえる、オーデマ ピゲ ロイヤル オークやヴァシュロン・コンスタンタン オーヴァーシーズも、かつては全く注目されていませんでしたが、今ではノーチラスのような人気度となっています。

ちなみに、ロイヤル オークにはオフショアというシリーズがあるのですが、2000年頃にはそちらが人気という状態でした。例えば、2002年頃のオフショア相場は100万円を大きく超えていたのに対し、ロイヤル オークの3針モデルは50万円台で新品が購入可能だったのです。それが今や、オフショア（25940SK.OO.D002CA.02）は約209万円で買える一方、3針（14790ST.OO.0789ST.

08）は408万円という様子。同じロイヤル オークでも、天変地異が起きているのです。

このように、かつての不人気が一転して、人気となる現象は他にもあり、例えばロレックスではGMTマスター2がそれに該当。今では人気モデルという印象のGMTマスター2ですが、これは2007年頃までは、最も人気がないスポーツロレックスといわれていました。そういった空気感は、2000年代前半の雑誌を見ると強く伝わってきます。

私は、2002年にノーチラスを購入した際、まさに「将来人気になるそうだから」という理由で買ったのですが、実際その15年後には「デイトナのライバル」といった地位にまでノーチラスは上昇。ただ、このことが示すように、**「将来大人気になりそう」という選択は、5年10年といった長期狙いになるかもという前提で考えたほうが良いでしょう。**

かなりマニアックなモノが欲しい時はどうする？

最後に「マニアック」な腕時計が欲しいという場合の資産性について考えてみたいと

思います。

まずは、「マニアックな腕時計」の定義からなのですが、これは、買取査定に出した時に、鑑定士が「見たことがない」というように「?」になる場合が該当すると思います。

マニアックを突き詰めると、最終的には「友達が作ってくれた時計」というところにまで行き着いてしまうかもしれませんが、そういったモノは定価のような指針自体がないため、資産性としては対象外だといえます。

その一方で、ブランドがあって、きちんと定価を提示して販売されているものは、軸となる基準値があります。そういった腕時計の中で、あまり認知されていないというモデルが、ここでいう「マニアックな腕時計」となります。

では、そういった腕時計を買いたい場合、資産性という観点では「どう」なのでしょう。その答えは、**「値上がりする」といった難易度は高いものの、買い方に気をつければ残価率100%ぐらいは目指せる**ということになるかと思います。

私の事例として、2つのマニアックな腕時計についてお話しします。

一つは、2000年に購入したタグホイヤーの復刻版カレラ（CS3110）なのですが、これは買った当時から、そこまで有名というモデルではありませんでした。ただ、当時の腕時計好きは、一定の確率でこのモデルを知っており、新品として売られていた時代は、マニアックではあるものの、そこまで強いマニアックさではありませんでした。実際、CS3110が現行だった時代、タグホイヤーのラインナップは〝ブレスレット〟が多かったのですが、このCS3110は復刻版だけあって〝革ベルト〟という見た目。ですから、ある意味目立っていたともいえます。

けれども、その後タグホイヤーは、復刻版だったはずのカレラをラインナップの中心にするという展開に変更。そして、革ベルトのカレラ含めて、多くのモデルが展開されたのです。そうなると、CS3110は「どういったモデルなのか」ということがわかりづらくなっていたわけで、2015年頃の段階では、全くといって良いほど注目されていない存在。当然、このCS3110の認知度は低く、マニアックな存在だったといえます。

しかし、マニアックといえども、このCS3110をはじめとした復刻版世代のタグホイヤーは、腕時計好き目線では「とても良い」という内容の腕時計。もちろん、見た目も格好良いといえるわけです。ですから、再注目されても不思議ではないと私は考えていました。

そういったことを思っていたら、２０１７年頃からこれら復刻版世代の中古相場が上昇。２０１５年頃の段階では15万円以下という価格帯で購入可能だったカレラは、20万円以上といった水準に達していました。

そして、その後も、復刻版世代のカレラは上昇。２０２１年には、なんとＣＳ３１１０が40万円台に達している状態です。ちなみに、同じモデルの黒文字盤、ＣＳ３１１１のほうは、２０２１年現在60万円台となっています。

私は、このＣＳ３１１０を２０００年に当時の定価26万２５００円（税率５％税込換算）で購入していますから、今では10万円以上の値上がり体験となります。そして、この場合の残価率は１５２％となるのです。

さて、ここまでは「値上がり」となったマニアックなモデルを紹介しましたが、値上がりとはなっていないモノの事例もお伝えしたいと思います。

この本では、大人の事情で、値下がり事例の腕時計ブランドの具体名を出すことができないため、「某ブランド」とさせていただきます。私は、某ブランドの腕時計を２００３年に約１７０万円で購入したのですが、その腕時計を買った時に思ったのは「将来人気になる可能性を秘めている」でした。しかし、某ブランドは様々なモデルを作り、すぐに生産終了にする傾向があります。そのため、良い腕時計があったとしても、腕時計ファンから認知されづらく、当然値上がりもしづらいのです。

その結果、私が２００３年に買ったモデルは、これまで一度も値上がりせずという状況が続いています。ちなみに、先日取材を受けた際、時計店で査定してもらったところ、その買取額は「難しい腕時計なので、１００万円ぐらいになってしまいます」と申し訳なさそうに言われました。

つまり、**マニアックすぎて、いつ買い手がつくかわからないため、店側もリスクを取れず、安価な価格しか提示できない**という事情があるのです。

ですから、もしも私が、その時点で売ったならば、70万円のマイナスとなったわけです。

ただ、この時計、実は２０１５年頃までの間に、何度か中古が１１０万円という価格帯で売られていたのです。私は、新品で１７０万円という額で買っているため、１００万円で売ったら70万円の損となります。しかし、中古１１０万円で買っていたならば、10万円の損で済んだということになります。

つまり、いくらマニアックといえども、型番がある限り、中古相場はある程度形成されているわけで、そのチャートから極端に離れた額で買わなければ、少ない損失で済むというわけです。

ちなみに、170万円で買って100万円で売ったならば、残価率は59％である一方、110万円で買ったならば、その残価率は91％となります。

ただ、ここで凄いと思うのは、「値下がり」となった場合の残価率が、59％もある点です。クルマの場合、5年ぐらいで残価率が59％あればそれなりに優秀という感覚です。私は、このモデルをもう18年も所有しているわけですが、それでも59％の残価率となっています。これは、他の消費財ではありえません。そういった意味では、マイナスとなった場合でも、腕時計の価値の残り方は、他のモノと比べると「凄い」といえるのです。

とはいえ、腕時計は価値が残りやすいから、絶対に損したくないという気持ちもわかります。では、損せずマニアックなものを買うことができるのかというと、それも理論上可能となります。

先程の私の某ブランドの腕時計を私は170万円で買ったわけですが、この時計、お店での査定では、高値が難しい傾向がありますが、ヤフオクを利用すると140万円ぐらいでは売れる可能性があるといえるのです。なぜかというと、150万円程度では比較的早い段階で売れているというデータがあるからなのですが、そうであるならば、その10万円安ぐらいだと、誰かが買うという可能性がそれなりにあるわけです。

そして、中古110万円で買っていたならば、140万円という額で売却した場合、「損しない」ということになります。ヤフオクの約9％の手数料を考慮しても、18万円程度の利益が見込めるわけです。また、この場合の残価率は117％となります。

ですから、同じマニアックなモノでも、買い方と売り方が違うだけで、残価率が59％から117％までの振り幅があるわけです。

そういった意味では、**マニアックなモノは、「買い方」と「売り方」にものすごく注意をすれば、高い残価率を狙うということもできるため、経験と知識があれば、うまくつきあうことができるといえます。**

私はこう考える

資産になる腕時計選びにおいて、最も重要なのは、**「自分がピンときた腕時計を買**

う」ということだと思います。腕時計の魅力に気づいた人は、1本買った後、不思議ともう1本買いたくなってしまうのです。そして、だんだんとコレクションの本数が増えていき、次第に「あまり使わない」という腕時計が出てきます。そうなった時に、人は「売る」ということを考えるわけで、そういった選択をされた腕時計が中古品として市場に出ているのです。そのようにして中古品が出回るからこそ、私たちには、「新品」「中古」といった選択肢があるわけで、先に述べたような「マニアック」な腕時計でも、工夫次第で高い残価率を狙うということが可能になるわけです。

ですから、資産になる腕時計選びにおいて、もう一つ重要なことが、「**データを見る**」ということであります。つまり、データさえ見ておけば、その腕時計の現在相場と、これまでの残価率がひと目でわかるわけです。そうなると、「買う」場合、「売る」場合に戦略がたてられるわけで、高い残価率を狙うということが可能になります。

すると、憧れの腕時計を買って楽しみながらも、自分の資産は減るどころか増えるという好循環になるわけです。

つまり、腕時計を買うという時に重要なことは、「自分がピンときた腕時計に狙いを定め、過去現在のデータをきっちり調べてから買う」ということであります。

そうすれば、人気モデルともマニアックなモデルともうまくつきあうことができるわけで、自分が欲しい腕時計を買えば買うほど資産が増えるという状況になります。

これまでの腕時計選びは、「なんとなくこの価格であれば買いたい」といった感覚的なモノだったでしょう。そして、「高いモノを買う」という感覚だから、直感的に買うということが難しく、自分がピンときたものを買うことに躊躇されていたかもしれません。

しかし、データを見ることによって、自分がピンときた腕時計を買ったらどうなるかという予測が見え、その残価率を見ることによって、実際の消費額、すなわち「買った値段－売れる値段」がいくらぐらいなのかということを推測することができます。**そうなると、実は高いと思っていた腕時計を買っても大丈夫ということに気づき、より腕時計とのつきあいが楽しくなると思うのです。**

おわりに

マグロはトロが最も高級といわれていますが、江戸時代にはトロが捨てられていたことは有名です。そして、「トロが美味しい」と認知された時代になっても、生で食べるのが当たり前といわれていたことでしょう。しかし、30年ぐらい前からは、炙って食べるのも美味しいとされています。

つまり、その時点の「当たり前」は、本質的には当たり前ではなかったわけです。

料理には、「生」「煮る」「焼く」「蒸す」といった可能性があるわけですが、「みんなが〝そうする〟からそうすべき」と思っていたら、思わぬ美味しい調理法を見過ごすことになってしまいます。

そういったことは、腕時計とのつきあい方でも同じだと思います。腕時計を買うという時、その方法には、「新品」だけでなく、「中古」という選択もあるのです。

そして、売る場合にも、「店で売る」「自分で売る」という選択肢がある わけで、それを組み合わせることによって、腕時計とのうまいつきあい方が最大限に発揮できるのです。

つい数年前まで、「腕時計は〝こう買う〟のが当たり前」などと考えられていたかもしれません。けれども、時期やモノによって、買い方、売り方をまるで料理のように工夫することで、資産性が高まり、より一層楽しめることになると思います。

もう、感覚的に「なんとなく今は腕時計が高い」などと、決めつける時代ではありません。過去相場といった情報を分析し、データをもとに様々な可能性を考慮して「買う」、「売る」といった判断をすることが、腕時計とのつきあいにおいてとても重要です。

本書をお読みいただいた読者の方は、「データを見る」という重要性に、いち早く気づかれたことと思います。

斉藤由貴生（サイト・ユキヲ）
1986年生まれ。腕時計投資家。母方の祖父はチャコット創業者、父は医者という裕福な家庭に生まれるが幼少期に母が離婚。中学1年生の頃より、企業のホームページ作成業務を個人で請負い収入を得る。それを元手に高級腕時計を購入。中学3年の時に〝買った値段より高く売る〟腕時計投資を考案し、時計の売買で資金を増やしていく。高校卒業後に就職し、5年間の社会人経験を経て、筑波大学情報学群情報メディア創成学類に入学。お金を使わず贅沢することのプロフェッショナルとして、「腕時計投資」を推奨している。著書に『腕時計投資のすすめ』（イカロス出版）、『もう新品は買うな！』（扶桑社）がある。
https://www.saitoyukiwo.com

装　丁　クマガイケンジ
本文DTP　Kumagaigraphix
データ協力　フルフィルロジック　豊島圭佑
写真協力（P.122-140）　GINZA RASIN

制作　黒田実玖
宣伝　細川達司
販売　中山智子
編集　宮澤明洋

カバー・表紙画像©PASIEKA/SCIENCE PHOTO LIBRARY/amanaimages

資産価値が上がる
腕時計の賢い選び方

2021年12月25日　初版第1刷発行
著　者　斉藤由貴生

発行者　水野麻紀子
発行所　株式会社小学館
〒101-8001　東京都千代田区一ツ橋2-3-1
電話　編集03-3230-5890
販売03-5281-3555
印刷所　萩原印刷株式会社
製本所　株式会社 若林製本工場

Printed in Japan　ISBN 978-4-09-311500-1